포켓북 ⑩ - 어디서든 활용 가능한 영어

쉽게 통하는
여행 영어

이 환 지음

지식서관

지은이 이 환

문학평론가/1958년 충북 진천 출생
1990년 서울신문 신춘문예를 통해 문단에 나옴
저서로 《문학 속의 철학, 철학 속의 문학》·
《애정사전》·《신나는 영어》가 있으며
편역서로 《국가론》·《꿈의 해석》·《에밀》 등이 있음
현재는 세계의 다양한 문화를 소개하는 책을 집필하며
세계 여러 나라를 여행하고 있음

쉽게 통하는
여행 영어

지은이 이 환
펴낸이 이홍식
펴낸곳 지식서관
기 획 정글북
등 록 1990년 11월 21일 제96호
주 소 경기도 고양시 덕양구 벽제동 564-4
전 화 031) 969-9311(대)
팩 스 031) 969-9313
E-mail jisiksa@hanmail.net

초판 1쇄 발행일 2008년 7월 20일
초판 3쇄 발행일 2014년 1월 5일

머리말

성공적인 해외 여행을 위해서는 명확한 계획과 사전 준비가 뒷받침되어야 한다. 계획은 개인의 사정에 따라 다르겠지만, 출발 전 준비물을 소홀히 함으로써 낭패를 당한다면 그보다 민망한 일은 없을 것이다.

꼭 갖추어야 할 사전 준비물로는 여권 · 비자 · 항공권 · 각종 증명서 · 환전 및 여행자 보험 가입, 그리고 해당국에 대한 여행 정보 수집 등을 들 수 있다. 하나 하나 알아보자.

여행에 앞서 우선 준비해야 할 것이 여권이다. 여권은 신분과 국적을 나타내는 증명서이므로 가장 중요한 준비물이라고 할 수 있다. 여권에는 관용여권과 일반여권이 있는데 보통의 여행자들이 발급받는 여권은 일반여권이다.

일반여권은 그 유효기간에 따라 단수여권과 복수여권으로 나뉜다. 단수여권의 유효기간은 5년이며 복수여권은 10년이다.

대개의 경우 복수여권을 많이 신청하는 편이다.

CONTENTS

기본표현

만나서 인사할 때의 표현 16
헤어지며 인사할 때의 표현 18
소개할 때의 표현 21
감사나 사과할 때의 표현 23
부탁이나 도움을 청할 때의 표현 26
간단한 답변이나 질문할 때의 표현 29
긴급한 일을 당했을 때의 표현 32

출발전 준비물 34
출국 수속하기 40

비행기

예약할 때 48
체크인할 때 50
탑승할 때 52
좌석을 찾을 때 54
기내식을 주문할 때 56
기내 서비스를 원할 때 58
요구사항이나 불편함을 토로할 때 60
비행기를 갈아탈 때 62
입국신고서를 작성할 때 64

출국 수속 관련 용어 66
출국해서 도착하기까지의 기내 상식 67
입국 신고서 작성법 70
도착 후 입국 수속하기 73

입국

입국 심사 받을 때 78
수하물을 찾을 때 81
세관검사 받을 때 83
환전할 때 85
관광안내소를 이용할 때 87

공항 내 주요 표지판 90
숙박할 때 91

숙박

예약 없이 호텔에 갔을 때 96
예약하고 호텔에 갔을 때 98
객실을 이용할 때 100
룸서비스를 이용할 때 102
그 밖의 서비스를 이용할 때 104
프런트를 이용할 때 106
유스호스텔을 이용할 때 108
체크아웃할 때 110

호텔 관련 용어 112
관광할 때 114

CONTENTS

관광

관광 안내를 받을 때 120
사진을 찍을 때 122
공연 관람이나 스포츠를 즐길 때 124
오락할 때 128

관광 관련 용어 130
식사할 때 132

식사

식당을 예약할 때 138
예약하지 않았을 때 140
음식을 주문할 때 142
식사할 때 145
계산할 때 147
패스트푸드점을 이용할 때 149
술 마실 때 151

식사와 관련된 용어 154
쇼핑할 때 157

쇼핑

상점을 찾을 때 162
물건을 고를 때 164
흥정하고 계산할 때 169
교환하거나 반품할 때 171
면세점을 이용할 때 173
포장할 때 175

쇼핑 관련 용어 178
교통수단을 이용할 때 179

교통

길을 물어볼 때 188
버스를 이용할 때 191
지하철을 이용할 때 194
택시를 이용할 때 196
기차를 이용할 때 198
렌터카를 이용할 때 200
선박을 이용할 때 202
주유소를 이용할 때 204

교통 관련 용어 208
통신할 때 209

CONTENTS

통신

전화할 때 214
국제전화할 때 216
우체국을 이용할 때 219

전화 관련 용어들 222
귀국할 때 224

귀국

예약을 확인할 때 230
예약을 변경하거나 취소할 때 232

돌발 상황시의 대처 234

돌발상황

사고를 당했을 때 240
병이 났을 때 242
분실이나 도난당했을 때 244

긴급상황시의 표현 246

급할 때 찾아보는
한영사전 248

* 애써 주셔서 고맙습니다.
Thank you for your trouble.
쌩큐 포 유어 트러블

* 친절에 감사드립니다.
Thank you for your kindness.
쌩큐 포 유어 카인드니스

* 초대해 주셔서 감사합니다.
Thank you for inviting me.
쌩큐 포 인바이링 미

Thank you for inviting me.

여행 영어 기본표현

- 만나서 인사할 때의 표현
- 헤어질 때의 표현
- 소개할 때의 표현
- 감사나 사과할 때의 표현
- 부탁이나 도움을 청할 때의 표현
- 간단한 답변이나 질문할 때의 표현
- 긴급한 일을 당했을 때의 표현

- 출발 전 준비물
- 출국 수속하기

쉽게 통하는 여행 영어 – 기본표현

01 만나서 인사할 때의 표현

* 안녕
  Hi./Hello.
  하이 헬로우

* 안녕하세요./안녕하십니까.
  Good morning.(아침인사)
  굿 모닝

  Good afternoon.(오후인사)
  굿 앱터눈

  Good evening.(저녁인사)
  굿 이브닝

* 안녕히 주무세요./잘 자.
  Good night.
  굿 나잇

* 처음 뵙겠습니다.
  How do you do?
  하우 두 유 두?

* 만나서 반갑습니다.
  Nice to meet you.
  나이스 투 미츄

Nice to meet you.

* 뵙게 되어 영광입니다.
I'm honored to meet you.
아임 아너드 투 미츄

* 오랜만입니다.
Long time no see. / It's been a long time.
롱 타임 노 씨   / 이츠 빈어 롱 타임

* 어떻게 지내세요?
How are you?
하우 아 유?

Fine, thanks.

* 네, 덕분에 잘 지냅니다.
Fine, thanks.
파인, 쌩스

* 좋습니다. 전 아주 잘 지내요.
Pretty good. I'm very well.
프리 굿. 아임 베리 웰

* 별일 없습니다.
Nothing much.
나씽 머취

02 헤어질 때의 표현

* 이제 그만 가봐야겠어요.
  Now, I have to go.
  나우, 아이 햅 투 고우

* 안녕히 계세요./잘 가.
  Good bye./So long.
  굿 바이   /쏠 롱

* 나중에 봐요./또 봐요.
  See you later./Catch you later.
  씨 유 레이러   /캐취 유 레이러

* 다시 만나요.
  See you again.
  씨 유 어겐

* 건강 조심해요.
  Take care.
  테익 케어

* 즐겁게 지내요.
  Have fun.
  햅 펀

* 좋은 여행 되세요

* 즐거운 하루 되세요.
  Have a nice day./Have a good day.
  해버 나이스 데이 /해버 굿 데이

* 연락할게요.
  I'll be in touch.
  아일 비 인 터취

* 편지 주세요.
  Drop me a line.
  드랍 미어 라인

* 행운을 빌어요.
  Good luck.
  굿 럭

* 좋은 여행 되세요.
  Have a good trip.
  해브 어 굿 트립

* 대단히 고맙습니다.
  Thank you very much.
  쌩큐 베리 머취

쉽게 통하는 여행 영어 – 기본표현

03 소개할 때의 표현

* 나이가 어떻게 되십니까?
  How old are you?
  하우 올드 아 유?

* 이름을 여쭤봐도 될까요?
  Can I ask your name?
  캔아이 애스큐어 네임?

Please let me introduce myself.

* 저를 소개하지요.
  Please let me introduce myself.
  플리즈 렛 미 인트러듀스 마이쎌프

* 제 명함입니다.
  This is my business card.
  디씨즈 마이 비즈니스 카드

* 제 이름은 송현주이고, 학생입니다.
  My name is Hyun-ju Song, I'm a student.
  마이 네임 이즈 현주 송, 아임 어 스튜던(트)

* 스물다섯 살이에요.
  I'm 25 years old.
  아임 퉤니파이브 이여스 올드

* 저는 한국에서 왔습니다.
I'm from Korea.
아임 프럼 코리아

* 뉴욕으로 갈 예정입니다.
I'm going to New York.
아임 고잉 투 뉴욕

* 박 선생님을 소개하지요.
이분은 박선생님입니다.
I'd like you to introduce Mr. Park.
This is Mr. Park.
아이드 라이큐 투 인트러듀스 미스터 팍
디씨즈 미스터 팍

쉽게 통하는 **여행 영어** - 기본표현
04 감사나 사과할 때의 표현

---

* 대단히 감사합니다.
  It's awfully good of you.
  잇츠 오펄리 굿 오브 유

* 얘기 즐거웠습니다.
  I enjoyed talking with you.
  아이 엔조이드 토킹 위드 유

* 오늘 저녁 정말 즐거웠습니다.
  I really had a pleasant evening.
  아이 리얼리 해더 플레전(트) 이브닝

* 도와주셔서 감사합니다.
  Thanks for your help.
  쌩스 포 유어 헬프

* 전화 주셔서 감사합니다.
  Thank you for your call.
  쌩큐 포 유어 콜

* 시간 내주셔서 감사합니다.
  Thank you for your time.
  쌩큐 포 유어 타임

쉽게 통하는 **여행 영어** - 기본표현

04 감사나 사과할 때의 표현

※ 정말 친절하시군요.
You're so kind.
유아 쏘 카인드

※ 용서해 주세요.
Please forgive me.
플리즈 포 깁 미

※ 죄송합니다.
I'm sorry.
아임 쏘리

※ 실례합니다.
Excuse me.
익스큐즈 미

※ 늦어서 죄송합니다.
Sorry to be late.
쏘리 투 비 레잇

※ 귀찮게 해서 죄송합니다.
I'm sorry to bother you.
아임 쏘리 투 바더 유

기다리게 해서 죄송합니다.
I'm sorry to have kept you waiting.
아임 쏘리 투 해브 켑츄 웨이링

괜찮습니다.
No problem.
노 프라블럼

좋습니다.
That's all right.
댓츠 올 라잇

신경쓰지 마세요.
Never mind.
네버 마인드

쉽게 통하는 **여행 영어** - 기본표현

05 부탁이나 도움을 청할 때의 표현

* 부탁을 해도 될까요?
  May I ask a favor of you?
  메아이 애스커 페이버 어뷰?

* 좀 도와주시겠습니까?
  Can you give me a hand?
  캔유 깁 미 어 핸?

* 좀 도와주세요.
  Please help me.
  플리즈 헬프 미

May I ask a favor of you?

* 담배를 피워도 될까요?
  Do you mind if I smoke?
  두유 마인드 이파이 스목?

* 좀더 천천히 말씀해 주시겠습니까?
  Would you speak more slowly?
  우쥬 스픽 모어 슬로울리?

* 펜 좀 빌릴 수 있을까요?
  Can I borrow your pen?
  캔아이 바로우 유어 펜?

* 들어가도 될까요?
  May I come in?
  메아이 컴인?

* 전화 좀 사용해도 될까요?
  May I use your telephone?
  메아이 유즈 유어 텔러폰?

* 좀더 크게 말씀해 주십시오.
  Speak up, please.
  스피컵, 플리즈

* 커피 좀 부탁할까요.
  Coffee, please.
  커피, 플리즈

* 근처에 은행이 어디 있습니까?
  Where is the nearest bank?
  웨어리스 더 니어리스트 뱅크?

* 잘 모르겠습니다. 써 주십시오.
  I don't understand. Please write it down.
  아이 돈 언더스탠. 플리즈 라이릿 다운

May I come in?

* 뭐라고 말씀하셨나요?
  What did you say?
  왓 디쥬 쎄이

* 한번 더 말씀해 주시겠어요?
  I beg your pardon?
  아이 베규어 파든?

What did you say?

쉽게 통하는 **여행 영어** - 기본표현

06 간단한 답변이나 질문할 때의 표현

---

* 네, 그렇습니다.
  Yes, it is.
  예스 이리즈

* 좋은 생각입니다.
  That's a good idea.
  댓츠 어 굿 아이디어

* 아뇨, 그렇지 않아요.
  No, it isn't
  노 이리즌

* 모르겠습니다.
  I don't know.
  아이 돈 노우

* 알겠습니다.
  I understand./I see.
  아이 언더스탠 /아이 씨

* 물론이죠.
  Of course./Certainly.
  어브 코스 / 써튼리

That's a good idea

06 간단한 답변이나 질문할 때의 표현

* 정말입니까?
  Are you sure?
  아 유 슈어?

* 천만에요.
  You're welcome.
  유어 웰컴

* 죄송하지만, 안되겠는데요.
  Sorry, I can't.
  쏘리, 아이 캔(트)

* 이것은 얼마입니까?
  How much is it?
  하우 머취 이짓?

* 이것은 뭐죠?
  What's this?
  왓츠 디스?

* 지금 몇시나 됐습니까?
  What time is it now?
  왓 타임 이짓 나우?

* 이름이 뭐죠?
  What's your name?
  왓츄어 네임?

* 화장실은 어디인가요?
  Where's the rest room?
  웨어즈 더 레스트 룸?

* 여기가 어디죠?
  Where am I?/Where are we?
  웨어 앰 아이? /웨어라 위?

* 오늘 날씨는 어떤가요?
  How is the weather today?
  하우 이즈 더 웨더 터데이?

* 날씨가 좋군요. 그렇죠?
  Nice day, isn't it?
  나이스 데이, 이즌 잇?

* 오늘이 며칠인가요?
  What is the date today?
  와리즈 더 데잇 터데이?

기본표현 간단한 답변이나 질문할 때의 표현

쉽게 통하는 여행 영어 - 기본표현

07 긴급한 일을 당했을 때의 표현

* 도와주세요.
  Help me, please.
  헬프 미, 플리즈

* 한국대사관은 어떻게 가죠?
  How can I go to the Korean Embassy?
  하우 캔아이 고우 투 더 코리언 앰버시?

* 한국어 할 줄 아는 사람 있나요?
  Any Korean speakers?
  애니 코리언 스피커즈?

* 응급상황입니다. 의사 좀 불러주세요.
  This is an emergency.
  Call a doctor, please.
  디스 이전 이머전시.
  콜어 닥터, 플리즈

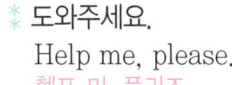
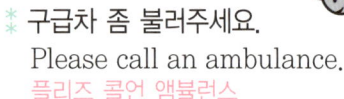

* 구급차 좀 불러주세요.
  Please call an ambulance.
  플리즈 콜언 앰뷸런스

* 제 차가 고장났습니다.
  My car broke down.
  마이 카 브록 다운

* 타이어가 펑크났군요.
  I've got a flat tire.
  아이브 가러 플랫 타이어

* 여권을 분실했어요.
  I lost my passport.
  아이 로스트 마이 패스폿

* 지갑을 도난당했습니다. 어떻게 해야 하죠?
  I had my wallet stolen. What should I do?
  아이 해드 마이 왈릿 스톨른 왓 슈다이 두?

제1장
출발 전 준비물

성공적인 해외 여행을 위해서는 명확한 계획과 사전 준비가 뒷받침되어야 한다. 계획은 개인의 사정에 따라 다르겠지만, 출발 전 준비물을 소홀히 함으로써 낭패를 당한다면 그보다 민망한 일은 없을 것이다. 꼭 갖추어야 할 사전 준비물로는 여권, 비자, 항공권, 각종 증명서, 환전 및 여행자 보험 가입, 그리고 해당국에 대한 여행 정보 수집 등을 들 수 있다. 하나 하나 알아보자.

✚ 여권 [passport]

여행에 앞서 우선 준비해야 할 것이 여권이다.
여권은 신분과 국적을 나타내는 증명서이므로
가장 중요한 준비물이라고 할 수 있다.
여권에는 관용여권과 일반여권이 있는데 보통의 여행자들이 발급받는 것은 일반여권이다. 일반여권은 그 유효기간에 따라 단수여권과 복수여권으로 나뉜다. 단수여권의 유효기간은 5년이며 복수여권은 10년이다. 대개의 경우 복수여권을 많이 신청하는 편이다. 여권은 시·구청의 여권과에서 발급하는데 통상 4~7일 정도의 시일이 소요된다.

여권 수속은 본인이 직접 하거나 여행사를 통해 할 수도 있다. 여행사를 통해 할 경우 소정의 대행 수수료를 지불해야 한다.

● 구비서류
구비 서류는 여권발급 신청서(관내 비치), 주민등록등본 1통, 여권용 사진(3.5×4.5센티미터) 2매, 주민등록증이나 운전면허증

● 발급비용
복수여권 45,000원, 단수여권 15,000원, 연장 4,500원이다.

● 신청 및 발급
서울은 각 구청 여권과에서 발급하고, 지방은 각 시청이나 도청의 여권과에서 발급한다.

✚ 비자 [Visa]
입국사증, 즉 비자(VISA)는 가고자 하는 국가의 재외 공관에서 발행하는 입국 허가증이다.
관광 목적이 해외 여행일 경우 대부분의 나라에서는 비자를 요구하지 않는다. 그러나 미국을 비롯한 몇몇 나라(호주, 인도, 중국

등)에서는 비자를 요구한다.

미국은 특히 입국심사가 매우 엄격해서 비자 없이는 입국 자체가 불가능하다. 유럽의 경우에는 2,3개월 정도의 여행에는 비자가 필요 없다. 비자는 여행 상대국의 대사관이나 영사관에서 발급하는데 여권과 비자신청서, 여권용 사진 2매가 필요하다. 그러나 양식과 비용, 소요시간 등이 나라 별로 다르므로 해당국의 대사관에 문의할 필요가 있다.

미국 관광 비자에 필요한 구비서류

● **본인이나 보증인이 재직자인 경우**
① 재직 증명서
② 세무서에서 발행하는 소득금액 증명원. 매년 5,6월에 전년도 증명원을 발급한다.
③ 갑종근로소득에 대한 소득세 원천징수 확인서 또는 최근 1년치 의 급여 명세서
④ 은행통장 사본(급여 이체 통장)
⑤ 보증인과의 관계를 증명하는 주민등록등본과 호적등본
⑥ 명함이나 사원증, 공무원증, 의사면허증, 약사면허증 사본

⑦ 의료보험증 사본

● **본인이나 보증인이 사업자인 경우**
① 사업자등록증 사본 또는 사업자등록 증명원
② 세무서에서 발행하는 소득금액 증명원. 매년 5,6월에 전년도 증명원을 발급한다.
③ 세무서에서 발행하는 납세 사실 증명원
④ 주거래 은행 통장
⑤ 보증인과의 관계를 증명하는 주민등록등본과 호적등본
⑥ 명함이나 사원증, 공무원증, 의사면허증, 약사면허증 사본
⑦ 의료보험증 사본

● **본인이나 보증인이 농축산업의 종사자인 경우**
① 농·축·수협에서 발행하는 조합원 증명서
② 소득금액 증명(소득 신고자에 한함)
③ 추곡수매대장 혹은 경매, 매입, 매출 자료
④ 농지 원부 및 토지대장
⑤ 은행 거래 통장
⑥ 보증인과의 관계를 증명하는 주민등록등본과 호적등본
⑦ 지방세 납부증명서 및 소득증명서(해당자에 한함)

● 본인이나 보증인이 프리랜서(보험, 학원강사,
   대학 시간강사 등)인 경우
① 재직증명서
② 판매실적 보고서
③ 수당지급 내역서
④ 자격증, 경력증명서, 허가증 등 자격 관련 증명서
⑤ 은행 거래통장
⑥ 보증인과의 관계를 증명하는 주민등록등본과 호적등본
⑦ 지방세 납부증명서 및 소득증명서(해당자에 한함)

● **기타 준비 서류**
학생일 경우 재학증명서와 성적증명서

✚ 여행자 보험

낯선 곳을 여행하다 보면 불의의 사고나 돌발상황에 맞닥뜨리게 되는 경우가 종종 있다. 그럴 때를 대비해 들어두는 보험이 여행자 보험이다. 당연히 여행자 보험은 여행 기간에만 적용된다. 교통사고나 상해, 질병, 각종 소지품의 도난이나 파손에 이르기까지 보상받을 수 있다.

각 보험상품은 보상 한도액과 여행 기간에 따라 가격이 다른데 인터넷이나 공항에 위치한 보험사 창구에서도 가입이 가능하다. 패키지 여행의 경우에는 여행비에 보험료가 포함된 것도 있으므로 확인해 둘 필요가 있다.

● 쾌적한 여행을 위한 짐꾸리기

짐은 간편할수록 좋다. 꼭 필요한 물품만 챙기도록 하자.
옷가지나 신발은 목적지의 기후나 풍토를 염두에 두고 준비하되 가능한 한 편안한 것으로 선택한다. 기본적으로 챙겨야 할 물품들을 점검해 보면 다음과 같다.
해당 지역의 가이드북, 여권 및 항공권, 여권 분실에 대비한 여분의 사진, 현금과 신용카드, 필기도구, 비상시에 필요한 구급 약품이나 위생 용품, 필요한 각종 서류, 그리고 한국대사관이나 항공사의 전화번호, 여행자수표 번호나 여권 번호, 신용카드 번호 등을 별도로 메모해 두는 것도 잊지 않도록 한다.
참고로 기내에 반입할 수 있는 짐의 크기는 가로 55, 세로 40, 높이 20센티미터(모두 합해서 115센티미터) 이내, 무게 10킬로그램 이내의 물품에 대해서만 허용된다. 중요하거나 꼭 필요한 물품이 아니면 화물편을 이용하는 것이 지혜로운 방법이다.

제2장
출국 수속하기

출국 수속은 대체로 항공사 체크인 후 탑승수속 및 수하물 탁송, 출입국신고서 작성, 병무신고, 검역, 세관신고, 보안 검색, 출국심사 및 탑승 순으로 진행된다.

✚ 탑승 수속 및 수하물 탁송

● 인천국제공항에서 체크인해 탑승수속을 하는 여객의 경우

- 해당 항공사의 체크인 카운터에서 탑승 수속을 받는다.
- 항공권과 여권을 제시하고 좌석을 배정받는다.
- 기내에서 휴대 가능한 물품을 제외하고는 모두 위탁수하물로 처리한다. 여권과 탑승권, 수하물인환증을 받는다. 휴대 물품 중 여객의 생명과 안전에 위협이 될 수 있는 물품은 반입이 제한된다.
- 위탁 수하물 중 세관신고가 필요한 경우 대형 수하물 전용카운터 옆 세관신고대에서 신고하면 된다. 대형 수하물은 대형 수하물 전용 카운터에서 위탁 처리한다.

● 도심 공항터미널에서 탑승수속을 마친 여객의 경우
• 도심공항터미널(강남 · 센트럴시티 · 김포공항)에서 탑승수속을 마친 여객의 경우에는 가까운 출국장 측면에 마련된 전용출입구를 이용해 출국 수속을 밟으면 된다.

● 수하물의 처리 기준
• 위탁 수하물 - 가로 90cm, 폭 45cm, 높이 75cm, 무게 50kg 이내의 수하물
• 대형 수하물 - 가로 120cm, 폭 75cm, 높이 75cm, 무게 70kg 이내의 수하물

✚ 출입국 신고서 작성
• 출입국 신고서는 체크인 카운터에 비치돼 있으므로 이를 작성하여 출국신고를 할 때 제출하면 된다. 출국장 안에도 신고서는 비치돼 있으나 미리 작성하는 것이 편리하며 또 수속 시간을 단축할 수 있다.

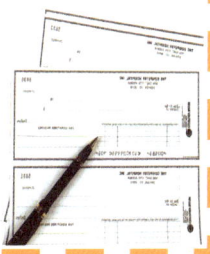

- 공항 이용료는 항공권료에 포함돼 있으므로 따로 낼 필요가 없다.(인천공항 2004년 7월 이후 기준)

✚ 병무신고

병역 의무를 마치지 않은 사람이 출국할 때는 필요한 서류를 구비하여 병무신고소(3층)에 출국신고를 해야 하며 귀국할 때도 신고를 해야 한다.

● 병무신고 대상자

만 18세가 되는 해의 1월 1일부터 만 35세가 되는 해의 12월 31일 사이에 해당하는 대한민국 남자(병역을 마친 사람과 제2국민은 제외).

✚ 검역

검역소에서는 외국여행자나 동식물에 대한 검역 및 증명서를 발급한다.

도착지 국가에 따라서는 검역증명서를 확인하는 경우가 있으므로 항공사에 확인한 뒤 대처하는 것이 좋다.

✚ 세관신고

- 고가의 물품이나 귀중품, 미화 1만 달러 이상을 가지고 출국하는 경우 세관에 신고를 해야 입국할 때 세금을 물지 않을 수 있다. 세관 신고는 〈여행자 휴대물품 반출신고(확인)서〉에 품목, 수량, 가격을 기재한 후 반출신고를 하면 된다.
- 물품을 신고하지 않고 출국할 경우에는, 귀국시 외국에서 구입한 것으로 간주되어 과세 등의 불이익을 받을 수 있으므로 주의한다.

✚ 보안검색

- 탑승수속과 세관신고를 마치면 가까운 출국장으로 가서 보안검색을 받는다. 출국장 입구의 보안검색 요원에게 여권과 탑승권 등의 여행관련 서류를 확인받고 휴대물품을 X-ray 검색대 위에 올려놓으면 된다.
- 휴대폰이나 동전 등의 소지품은 바구니에 넣고 금속탐지기를 통과한다.

✚ 출국심사 및 탑승

- 보안검색을 마치고 나면 휴대물품을 가지고 출국심사 지역으로 이동해 출국심사를 받는다. 출국심사는 여권과 탑승권, 출입국신고서를 직원에게 제시하면 되는데 출국심사관은 여권에 출국확인을 해주고, 출국 신고서를 떼어낸 후 입국신고서는 여권과 함께 돌려준다.
- 입국신고서는 귀국할 때 필요하므로 귀국할 때까지 보관해야 한다. 잃어버렸을 때에는 귀국편의 비행기에서 다시 작성하면 된다.
- 심사를 마치고 나면 가까운 탑승구 근처에서 휴식을 취하거나 면세점에서 쇼핑을 할 수 있다. 탑승은 출발 40분 전에 승무원의 안내에 따라 항공기에 오르면 된다.

Q R S T U V W X Y Z

여행 영어 비행기

- 예약할 때
- 체크인할 때
- 탑승할 때

- 출국수속 관련 용어
- 출국해서 도착하기까지의 기내 상식

- 좌석을 찾을 때
- 기내식을 주문할 때
- 기내 서비스를 원할 때
- 요구사항이나 불편함을 토로할 때
- 비행기를 갈아탈 때
- 입국신고서를 작성할 때

- 입국 신고서 작성법
- 도착 후 입국 수속하기

쉽게 통하는 **여행 영어** – 비행기

01 예약할 때

* 유나이티드 항공사입니다. 뭘 도와드릴까요?
  United Airlines. May I help you?
  유나이티드 에얼라인즈. 메아이 헬퓨?

* 뉴욕행 비행기편을 예약했으면 합니다.
  I'd like to make a reservation to New York.
  아이드 라이크 투 메이커 레저베이션 투 뉴욕

Any flight on Sunday morning?

* 언제 떠나실 예정입니까?
  When are you leaving?
  웬 아 유 리빙?

* 이번 주 일요일요.
  This coming Sunday.
  디스 커밍 썬데이

* 일요일 오전에 출발하는 비행기가 있습니까?
  Any flight on Sunday morning?
  애니 플라잇 온 썬데이 모닝?

- 뉴욕까지 왕복 요금이 얼마인가요?
  How much is a round trip ticket to New York?
  하우 머취 이저 라운 트립 티켓터 뉴욕?

- 이코노미 클래스로 부탁합니다.
  Economy class, please.
  이커너미 클래스, 플리즈

- 고마워요. 그것으로 하죠.
  Thank you. I will take it.
  쌩큐, 아 윌 테이킷

쉽게 통하는 **여행 영어** – 비행기

02 체크인할 때

* 비행기표와 여권을 보여주세요.
  Let me see your ticket and passport, please.
  렛 미 씨 유어 티킷 앤 패스폿, 플리즈

* 여기 있습니다.
  Here you are.
  히어 유 아

* 어떤 좌석을 원하시죠?
  Where would you like to seat?
  웨어 우쥬 라익 투 씨잇?

> I'd like an aisle seat, please.

* 통로 쪽 좌석이면 좋겠습니다.
  I'd like an aisle seat, please.
  아이드 라이컨 아일 씨잇, 플리즈

* 창가 쪽 좌석이면 좋겠습니다.
  I'd like a window seat, please.
  아이드 라이커 윈도우 씨잇 플리즈

* 손님의 좌석번호는 30-A입니다.
  Your seat number is 30-A.
  유어 씨잇 넘버리즈 써리에이

* 짐이 있나요?
  Do you have baggage?
  두 유 햅 배기지

* 네, 짐이 있습니다.
  Yes, I have baggage.
  예스, 아이 햅 배기지

* 짐을 저울에 올려주시겠습니까?
  Could you put your baggage on the scale, please?
  쿠쥬 풋츄어 배기지 온 더 스케일, 플리즈?

쉽게 통하는 **여행 영어** - 비행기
03 탑승할 때

* 몇 번 탑승구입니까?
  What's the gate number?
  왓츠 더 게잇 넘버?

* 2번 탑승구입니다.
  Your gate is 2.
  유어 게잇 이즈 투

* 2번 탑승구가 어디죠?
  Where is Gate 2?
  웨어리즈 게잇 투?

* 탑승 시간은 언제입니까?
  When is boarding time?
  웬 이즈 보딩 타임?

* 20분 전까지 오셔야 합니다.
  Come 20 minutes earlier.
  컴 퉤니 미닛츠 얼리어

* 면세점은 어디에 있습니까?
  Where is the duty free shop?
  웨어리즈 더 듀티 프리 샵?

- 비행기는 제시간에 도착합니까?
  Will my flight get off on time?
  윌 마이 플라잇 게러프 온 타임?

- 얼마나 지연될까요?
  How long will it be delayed?
  하우 롱 윌잇 비 딜레이?

비행기 탑승할 때

쉽게 통하는 **여행 영어** – 비행기

04 좌석을 찾을 때

✽ 제 자리는 어디입니까?
Where is my seat?
웨어리즈 마이 씨잇?

✽ 탑승권을 보여주시겠습니까?
Would you show me your boarding pass?
우쥬 쇼우 미 유어 보딩 패스?

✽ 손님 좌석은 앞쪽이군요.
Your seat is on the front.
유어 씨이리즈 온 더 프론트

✽ 저기 창가 쪽입니다.
It's over there by the window.
잇츠 오버 데어 바이 더 윈도우

✽ 흡연석으로 옮길 수 있을까요?
May I move to the smoking section?
메아이 뭅투 더 스모킹 섹션?

✽ 이쪽으로 오십시오.
This way, please.
디스 웨이, 플리즈

* 잠시 지나갈까요?
  May I get through?
  메아이 겟 쓰루?

* 이 좌석이 어디죠?
  Where is this seat?
  웨어리즈 디스 씨잇?

* 실례지만, 여긴 제 자리인 것 같은데요.
  Excuse me, I think this is my seat.
  익스큐즈 미, 아이 씽 디씨즈 마이 씨잇

* 안전벨트를 매주십시오.
  Please fasten your seat belt.
  플리즈 패쓴 유어 씨잇 벨트

* 의자를 뒤로 젖혀도 될까요?
  May I recline my seat?
  메아이 리클라인 마이 씨잇?

Excuse me, I think this is my seat.

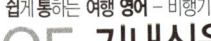

05 기내식을 주문할 때

* 음료수 좀 드릴까요?
  Would you like to drink?
  우쥬 라익 투 드링?

* 어떤 음료수가 있죠?
  What do you have to drink?
  왓 두 유 햅 투 드링?

* 홍차, 우유, 커피, 오렌지주스가 있습니다.
  We have tea, milk, coffee,
  and orange juice.
  위 해브 티, 밀크 커피 앤 오린쥬스

* 우유를 주세요.
  Milk, please.
  밀크, 플리즈

* 한 잔 더 주실 수 있나요?
  Can I have another one?
  캔아이 해브 어나더 원?

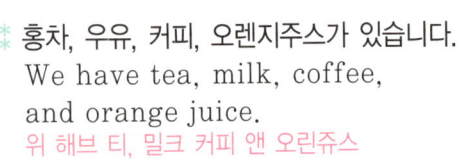

* 식사는 무엇으로 하시겠습니까?
What would you like for dinner?
왓 우쥬 라익 포 디너?

* 생선 요리로 주세요.
Fish, please.
피쉬, 플리즈

* 지금은 먹고 싶지 않군요.
I don't feel like eating now.
아이 돈 필 라익 이팅 나우

* 나중에 먹어도 될까요?
May I have it later?
메아이 해빗 레이러?

May I have it later?

쉽게 통하는 **여행 영어** – 비행기
06 기내 서비스를 원할 때

* 읽을 것 좀 주시겠어요?
  Can I have anything to read?
  캔아이 햅 애니씽 투 리드?

* 한국 신문 있나요?
  Do you have a korean language newspaper?
  두 유 해버 코리언 랭귀지 뉴스페이퍼?

* 화장실이 어디죠?
  Where is the lavatory?
  웨어리즈 더 레버터리?

* 이 헤드폰은 어떻게 사용하나요?
  How do I use these headphones?
  하우 두 아이 유즈 디즈 헤드폰즈?

* 도착하려면 얼마나 걸리죠?
  How long will it take to arrive?
  하우 롱 윌잇 테익 투 어라이브?

* 제시간에 도착할까요?
  Will my flight get off on time?
  윌 마이 플라잇 게러프 온 타임?

* 기내에서 면세품을 팝니까?
  Do you sell tax-free goods on board?
  두 유 쎌 텍스프리 굿즈언 보드?

* 한국 돈으로 지불해도 됩니까?
  Can I pay in Korean currency?
  캔아이 페이 인 코리언 커런씨?

* 영화는 몇 시에 시작하나요?
  What time does the movie start?
  왓 타임 더즈 더 무비 스탓?

* 이것은 유료입니까?
  Is there any charge for this?
  이즈 데어 애니 차지 포 디스?

> What time does the movie start?

07 요구사항이나 불편함을 토로할 때

* 헤드폰이 고장났어요.
  This headphone is broken.
  디스 헤드폰 이즈 브로큰

* 몸이 좋지 않아요.
  I don't feel well.
  아이 돈 필 웰

> This headphone is broken.

* 멀미가 나는군요.
  I'm feeling airsick.
  아임 필링 에어씩

* 멀미약이 있나요?
  Do you have medicine for airsickness?
  두 유 햅 메디씬 포 에어씨크니스?

* 위생봉투는 어디 있죠?
  Where are the airsickness bags?
  웨어라 더 에어씨크니스 백스?

* 두통약 좀 주시겠습니까?
  Do you have any medicine for a headache?
  두 유 햅 애니 메디씬 포러 헤데익?

※ 물 한 잔 주세요.
A glass of water, please.
어 글래스어 워러, 플리즈

※ 좀 춥군요.
I feel chilly.
아이 필 췰리

※ 담요 한 장 가져다 주시겠습니까?
Could you bring me a blanket, please?
쿠쥬 브링 미 어 블랭킷, 플리즈?

쉽게 통하는 **여행 영어** – 비행기
08 비행기를 갈아탈 때

* 이 공항에 얼마나 머물게 되나요?
  How long will we stop here?
  하우 롱 윌 위 스탑 히어?

* 당신은 통과 여객입니까?
  Are you a transit passenger?
  아유 어 트랜싯 패씬저?

* 이 통과용 카드를 갖고 계십시오.
  Please, keep this transit card with you.
  플리즈, 킵 디스 트랜싯 카드 위드유

* 비행기를 갈아타야 합니다.
  I have to take a connecting flight.
  아이 햅 투 테이커 커넥팅 플라잇

* 갈아탈 항공편은 어디서 확인하죠?
  Where can I confirm my flight?
  웨어 캔아이 컨펌 마이 플라잇?

* 공항 2층 대합실에 있는 항공사 카운터에서 하십시오.
  At the airlines counter located on the second floor of the main terminal.
  앳 디 에어라인즈 카운터 로케이팃 온더 세컨 플로어 옵더 메인 터미널

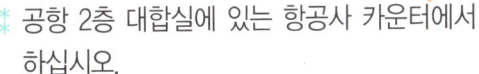

* 탑승은 언제 하죠?
  When is the boarding time?
  웬 이즈 더 보딩 타임?

* 오전 9시에 시작합니다.
  Boarding begins at 9 a.m.
  보딩 비긴즈 앳 나인 에이엠

* 고마워요. 몇 번 게이트로 가야 하나요?
  Thank you, which gate should I go to?
  쌩큐, 위치 게잇 슈라이 고우 투?

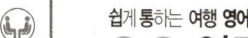

09 입국 신고서를 작성할 때

* 이 양식을 작성해 주십시오.
  Please, fill out this form.
  플리즈, 필아웃 디스 폼

* 펜 좀 쓸까요?
  May I use your pen?
  메아이 유즈 유어 펜

> Please, show me how to fill in this form.

* 뭘 써야 하죠?
  What should I write here?
  왓 슈라이 라잇 히어?

* 어떻게 쓰는지 가르쳐 주십시오.
  Please, show me how to fill in this form.
  플리즈, 쇼우미 하우 투 필인 디스 폼

* 이 입국카드 좀 봐주시겠어요?
  Will you please check this disembarkation card?
  윌유 플리즈 첵 디스 디셈버케이션 카드?

* 물론입니다.
  Yes, of course.
  예스, 어브코스

* 좀 틀리게 썼군요.
  I've made some mistakes.
  아이브 메이드 썸 미스테익스

* 카드 한 장 더 주시겠어요?
  May I have another card?
  메아이 햅 어나더 카드?

● **출국 수속 관련 용어**
- 항공사(에어라인) airline
- 항공권(패씬저 티킷) passenger ticket
- 항공편명(플라잇 넘버) flight number
- 항공사 카운터(에어라인 카운터) airline counter
- 편도 항공권(원 웨이 티킷) one way ticket
- 왕복 항공권(라운 트립 티킷) round trip ticket
- 여행사(트래블 에이전씨) travel agency
- 예약(레저베이션) reservation
- 확인(컨펌) confirm
- 취소(캔쓸) cancel
- 일등석(퍼스트 클래스) first class
- 일반석(이커너미 클래스) economy class
- 비예약좌석(프리 씨잇) free seat
- 탑승권(보딩 패스) boarding pass
- 탑승구(보딩 게이트) boarding gate
- 대합실(웨이링 룸) waiting room
- 수하물표(클레임 택) claim tag
- 운임(페어) fare

제3장
출국해서 도착하기까지의 기내 상식

✚ 지켜야 할 안전수칙

기내에서 무엇보다 중요한 것은 안전수칙을 지키는 일이다. 승무원의 지시에 따라 행동하는 것은 물론 기내의 각종 사인에 따라 능동적으로 대처할 필요가 있다. 우선 지정된 좌석에 앉으면 비행기가 완전히 이륙할 때까지 안전벨트를 풀어서는 안된다. 짐은 선반에 올려놓되 무거운 것은 좌석 아래에 놓아두는 것이 좋다. 담배를 피워서는 안되며 다른 사람에게 방해가 되지 않도록 언행에도 신경을 써야 한다. 좌석을 뒤로 젖힐 때도 뒷손님에게 양해를 구하는 것이 기본 에티켓이다. 만일 자리가 불편하다면 승무원에게 도움을 요청해 해결하도록 한다.

특히 비행기를 처음 타는 사람이라면 멀미 때문에 고통을 겪을 수도 있는데 이때는 좌석 앞주머니에 있는 구토용 봉지를 이용하거나 승무원에게 도움을 요청하도록 한다.

Fasten Seat Belt는 안전벨트를 메라는 뜻이며, 화장실에서 Occupied는 사용중임을, Vacant는 비어 있음을 뜻한다는 것도 알아두도록 하자.

➕ 기내에서의 식사

기내식은 통상 이륙 후 서너 시간 뒤에 나오는데 식사와 차, 술과 음료 등이 제공된다. 자신의 식성에 맞춰 육류든 채소류든 선택적으로 주문할 수 있다. 비행기 내에서는 행동이 제한돼 있다는 점을 감안해 과식은 피하도록 한다. 술도 마찬가지이다. 한두 잔 정도의 서비스에 만족하는 것이 좋다.
될 수 있으면 가벼운 음료나 주스류를 섭취하는 쪽으로 식욕을 자제하는 것도 현명한 방법이다. 과식이나 과음은 자신뿐만 아니라 주변 사람에게 피해가 갈 수 있다는 점을 고려하자.

➕ 기내에서의 휴식

대부분의 비행기 여행은 장시간에 걸쳐 이루어지기 때문에 지루하거나 따분할 수 있다. 그런 상황을 감안해 기내에서는 신문이나 잡지를 제공한다.
비디오를 보거나 음악을 감상할 수 있도록 장비를 비치하고 있는 것도 같은 이유에서이다.
트럼프나 바둑 같은 오락기구도 준비돼 있으므로 필요하면 승무원을 호출해 부탁하도록 한다.

적절한 수면과 함께 적절한 운동을 하는 것도 중요하다. 운동은 가벼운 동작으로 관절이나 근육을 이완해 주는 방식으로 하면 된다. 가끔씩 일어나 기내를 천천히 걸어보는 것도 한 가지 방법이다.

✚ 면세품을 살 때

기내에서도 면세품을 구입할 수 있다. 때가 되면 안내방송과 함께 승무원이 카트를 밀고 나와 면세품을 판다. 파는 물건들은 담배나 술을 비롯해 향수, 시계, 화장품 등으로 그 품목이 다양하지는 않으나 가격은 싼 편이다.

구매할 때는 반입 허용량을 감안해 무리하지 않도록 한다.
요즘에는 각 항공사들이 사전에 필요한 물품을 주문받기도 하므로 이를 활용할 수도 있다. 전화나 팩스 등을 이용해 미리 예약하면 기내에서 전달받을 수 있는 방식이다.

제4장
출국 신고서 작성법

신고서는 나라마다 양식이 조금 다르긴 하지만 대동소이하다. 성명, 국적, 생년월일, 성별, 주소, 직업, 체류지, 여권번호, 입국편명, 체류기간, 출발지, 방문목적을 기입한 뒤 영문으로 서명한다. 서명할 때는 여권에 한 것과 같게 해야 하며 방문목적과 숙박지의 주소는 가능한 한 정확해야 한다. 그렇지 않으면 입국심사 때 분란의 소지가 될 수도 있다.

● 신고해야 할 내용
- 성 Family name
- 이름 First(Given) name
- 성별(남, 여) Sex(Male, Female)
- 생년월일 Birth Date
- 국적 Country of Citizenship
- 현거주국 Country Where You Live
- 현주소 Home Address
- 직업 Occupation
- 여권번호 Passport No.
- 탑승지 Fort of Embarkation

- 항공기 편명 Flight No.
- 비자 발행 연월일 Date Issued
- 비자 발행 도시 City Where Visa Was Issued
- 목적지의 도시와 주 City and State
- 여행 목적 Purpose of Visit
- 서명 Signature
- 목적지(OO) 체제 예정 기간 Entered Length of Stay in OO
- 체제국(OO) 연락처 Address in OO

● 기내 용어
- 통로 좌석 (아일 씨잇) aisle seat
- 중간 좌석 (미들 씨잇) middle seat
- 창가 좌석 (윈도 씨잇) window seat
- 출발지 (디파쳐) departure
- 도착지 (어라이벌) arrival
- 기장 (캡틴) captain
- 승무원 (크루) crew
- 비상구 (이머전씨 엑씻) emergency exit

- 화장실 (래버터리) lavatory
- 호출 버튼 (콜 버튼) call button
- 구명동의 (라이프 재킷) life jacket
- 산소 마스크 (악시전 매스크) oxygen mask
- 멀미 주머니 (에어씨크니스 백) airsickness back
- 독서등 (리딩 라잇) reading light
- 안전벨트 착용 (팻쓴 씨잇 벨트) fasten seat belt

● **기내 중요 표현**
- 사용중 (아큐파이드) OCCUPIED
- 먹는 물 아님 (낫 포 드링킹) NOT FOR DRINKING
- 문을 잠그시오 (플리즈 락 도어) PLEASE LOCK DOOR
- 좌석으로 돌아가시오 (리턴 투 씨잇) RETURN TO SEAT
- 담배를 버리지 마시오 (노 씨가렛 디스포절)
  NO CIGARETTE DISPOSAL
- 화장실 내 금연 (노 스모킹 인 토일릿)
  NO SMOKING IN TOILET
- 전기면도기 콘센트 (쉐이버 아웃릿) SHAVER OUTLET
- 변기물을 내리시오 (플러쉬 토일릿) FLUSH TOILET
- 화장지만 버리시오 (핸 타월즈 온리) HAND TOWELS ONLY

제5장
도착 후 입국 수속하기

공항에 도착하면 입국하기까지 일정한 절차를 밟게 된다. 우선 Arrival이라고 표시된 출구로 나가게 되는데 그러면 곧 검역소를 통과하게 된다. 이후 입국 심사, 수하물 찾기, 세관 검사 순을 거쳐 입국을 완료하게 되는 것이 일반적인 상식이다.

➕ 입국심사

입국 심사는 입국신고서, 여권, 세관 신고서, 귀국용 항공권 등을 제시하면 된다. 심사시에는 반드시 차례를 지키고 심사대를 기웃거리거나 주위를 산만하게 하는 행동을 하지 않도록 주의한다. 대개의 경우 묻는 말에 자연스럽게 대응하면 큰 문제 없이 심사를 통과하나 미국의 경우는 좀 까다로워서 입국 목적과 체류 일시, 체류지 등에 대해 꼼꼼히 따지는 경향이 있다. 특히 체류 일시에 대해서는 정확한 답변을 요구하므로 머뭇거림 없이 사실대로 말할 필요가 있다. 무사히 인터뷰를 마치면 여권에 입국 스탬프를 찍고 출입국 카드를 준다.

✤ 수하물 찾기

입국 심사가 끝나면 수하물 찾는 곳으로 가 자신의 짐을 찾아야 한다.

수하물은 콘베이어를 통해 탁송되는데 여기에서 기다렸다가 자신의 짐이 나오면 챙긴다. 짐이 많으면 카트를 이용하는 것이 편리하다.

간혹 끝까지 기다려도 자신의 짐이 보이지 않는 경우가 있다. 이때는 당황하지 말고 공항 직원의 도움을 받으면 된다. 화물 인환증을 제시하면 나중에라도 신고자의 숙소로 배달해 준다.

만약의 경우 수하물을 분실한 것으로 밝혀지면 정해진 약관에 의해 보상을 받을 수 있으므로 크게 우려하지 않아도 된다.

✤ 세관 신고

짐을 찾고 나면 세관 검사대로 가서 세관 검사를 받는다.

검사를 받을 때는 세관원이 검사를 용이하게 할 수 있도록 짐을 개방해 주어야 한다. 가방이 자물쇠로 잠겨 있다면 그것도 푼다.

대개 별 문제 없이 통과하나 특정한 물품(귀금속이나 사치품 따위)들은 정확하게 신고해야 한다.

신고가 누락돼 적발될 경우 벌금을 물거나 압류를 당할 수도 있으므로 주의한다.

대부분의 국가에서는 세관 검사가 까다롭지 않으나 미국의 경우만은 이 역시 간단치 않다. 정확한 신고 내역과 함께 엄밀한 대조를 한다.

특히 새로 구입한 물건이나 동식물, 음식물, 농산물 등은 반드시 신고해야 낭패를 당하지 않는다.

➕ 도착지 공항에서

입국 절차를 마친 후 도착지 공항으로 나오면 실질적인 해외 여행의 첫발을 내딛게 된다. 여기서도 할 일이 있다. 공항에는 해외 여행객들을 위한 최소한의 서비스 시설이 있기 마련인데 이를 잘 활용하는 것이야말로 성공적인 여행의 출발이 된다.

우선 환전을 못했다면 이곳에서 환전을 한다. 그런 다음 자신의 목표를 점검하고 공항 로비에 있는 관광 안내소를 들러 각종 안내를 받는다. 숙박지를 정하지 못했다면 이곳에서 호텔을 예약하는 것도 실수를 줄이고 실속을 챙기는 지름길이다.

그밖에도 현지에서 차량을 운행하고 싶다면 렌트카 회사를 통해 원하는 차를 예약한다. 낯선 곳에서는 가능한 한 심사숙고하고 준비를 철저히 하는 것이 좋다. 그런 점에서 공항 로비는 최적의 시설을 갖춘 곳이라는 점을 잊지 말자.

여행 영어 입국

- 입국 심사 받을 때
- 수화물을 찾을 때
- 세관 검사 받을 때
- 환전할 때
- 관광 안내소를 이용할 때

- 공항 내 주요 표지판
- 숙박할 때

* 이곳 방문이 처음이십니까?
  Is this your first visit to here?
  이즈 디스 유어 퍼스트 비짓터 히어?

* 네, 처음입니다.
  Yes, this is my first visit.
  예스, 디스 이즈 마이 퍼스트 비짓

I'm staying for three weeks.

* 얼마나 체류하실 거죠?
  How long are you staying?
  하우 롱 아유 스테잉?

* 3주일입니다.
  I'm staying for three weeks.
  아임 스테잉 포 쓰리 윅스

* 최종 목적지는 어디십니까?
  What's your final destination?
  왓츄어 파이널 데스터네이션?

* 시카고입니다.
  The Chicago.
  더 시카고

✱ 어디에서 머무십니까?
Where are you staying?
웨어 아 유 스테잉?

✱ 아직 정하지 않았습니다.
I haven't decided yet.
아이 해븐 디싸이딧 옛

✱ 하이야트 호텔에 머물 겁니다.
I'll stay at the Hyatt Hotel.
아일 스테이 앳 더 하야트 호텔

✱ 돌아가실 비행기표는 있습니까?
Do you have a return ticket?
두 유 해버 리턴 티킷?

✱ 네, 있습니다.
Yes, it's right here.
예스, 잇츠 라잇 히어

✱ 혼자 여행하십니까?
Are you traveling alone?
아 유 트래블링 얼론?

쉽게 통하는 **여행 영어** – 입국
02 수화물을 찾을 때

- 실례지만, 수하물 찾는 곳은 어딘가요?
  Excuse me, where is the baggage claim area?
  익스큐즈 미, 웨어리즈 더 배기지 클레임 에어리어?

- 검정색 가방이 제 것입니다.
  The black bag is mine.
  더 블랙 백 이즈 마인

- 제 짐을 찾을 수가 없습니다.
  I can't find my baggage.
  아이 캔트 파인 마이 배기지

- 이것은 제 가방이 아닙니다.
  This bag is not mine.
  디스 백 이즈 낫 마인

- 나머지 짐을 찾을 수가 없습니다.
  I can't find the other.
  아이 캔트 파인 디 아더

- 짐 찾는 것 좀 도와주시겠어요?
  Will you please help me to find them?
  윌 유 플리즈 헬 미 투 파인 덤?

Will you please help me to find them?

* 분실물 신고소는 어디죠?
  Where is the lost and found counter?
  웨어리즈 더 로스트 앤 파운드 카운터?

* 수하물 인환증을 보여주시겠어요?
  May I see your claim tag?
  메아이 씨 유어 클레임 택?

* 이것이 제 수하물 인환증입니다.
  Here is my claim tag.
  히어리즈 마이 클레임 택

Where is the lost and found counter?

쉽게 통하는 여행 영어 - 입국

03 세관 검사 받을 때

* 신고할 물건이 있습니까?
  Do you have anything to declare?
  두 유 햅 애니씽 투 디클레어?

* 별것 없습니다.
  I have nothing to declare.
  아이 햅 나씽 투 디클레어

* 여권과 신고서를 보여주십시오.
  Your passport ane declaration card, please.
  유어 패스폿 앤 디클러레이션 카드, 플리즈

* 짐을 보여주십시오.
  Please, show me your baggage.
  플리즈, 쇼우 미 유어 배기지

* 짐은 이게 다입니까?
  Will that be all?
  윌 댓 비 올?

* 가방을 열어주시겠어요?
  Please open this bag?
  플리즈 오픈 디스 백?

I have nothing to declare.

�սּ 이건 뭐죠?
What's this?
왓츠 디스

English!

✹ 제 친척들에게 줄 선물입니다.
These are gifts for my relatives.
디즈 아 기프츠 포 마이 랠러팁즈

✹ 그 카메라는 제가 사용하는 것입니다.
That camera is for my personal use.
댓 캐머러 이즈 포 마이 퍼스널 유즈

✹ 이건 과세 대상입니다.
You have to pay duty on it.
유 햅 투 페이 듀티 오닛

These are gifts for my relatives.

* 이곳 방문이 처음이십니까?
  Is this your first visit to here?
  이즈 디스 유어 퍼스트 비짓터 히어?

* 네, 처음입니다.
  Yes, this is my first visit.
  예스, 디스 이즈 마이 퍼스트 비짓

I'm staying for three weeks.

* 얼마나 체류하실 거죠?
  How long are you staying?
  하우 롱 아유 스테잉?

* 3주일입니다.
  I'm staying for three weeks.
  아임 스테잉 포 쓰리 윅스

* 최종 목적지는 어디십니까?
  What's your final destination?
  왓츄어 파이널 데스터네이션?

* 시카고입니다.
  The Chicago.
  더 시카고

※ 어디에서 머무십니까?
Where are you staying?
웨어 아 유 스테잉?

※ 아직 정하지 않았습니다.
I haven't decided yet.
아이 해븐 디싸이딧 옛

※ 하이야트 호텔에 머물 겁니다.
I'll stay at the Hyatt Hotel.
아일 스테이 앳 더 하야트 호텔

※ 돌아가실 비행기표는 있습니까?
Do you have a return ticket?
두 유 해버 리턴 티킷?

※ 네, 있습니다.
Yes, it's right here.
예스, 잇츠 라잇 히어

※ 혼자 여행하십니까?
Are you traveling alone?
아 유 트래블링 얼론?

대부분의 국가에서는 세관 검사가 까다롭지 않으나 미국의 경우만은 이 역시 간단치 않다. 정확한 신고 내역과 함께 엄밀한 대조를 한다.
특히 새로 구입한 물건이나 동식물, 음식물, 농산물 등은 반드시 신고해야 낭패를 당하지 않는다.

✚ 도착지 공항에서

입국 절차를 마친 후 도착지 공항으로 나오면 실질적인 해외 여행의 첫발을 내딛게 된다. 여기서도 할 일이 있다. 공항에는 해외 여행객들을 위한 최소한의 서비스 시설이 있기 마련인데 이를 잘 활용하는 것이야말로 성공적인 여행의 출발이 된다.

우선 환전을 못했다면 이곳에서 환전을 한다. 그런 다음 자신의 목표를 점검하고 공항 로비에 있는 관광 안내소를 들러 각종 안내를 받는다. 숙박지를 정하지 못했다면 이곳에서 호텔을 예약하는 것도 실수를 줄이고 실속을 챙기는 지름길이다.

그밖에도 현지에서 차량을 운행하고 싶다면 렌트카 회사를 통해 원하는 차를 예약한다. 낯선 곳에서는 가능한 한 심사숙고하고 준비를 철저히 하는 것이 좋다. 그런 점에서 공항 로비는 최적의 시설을 갖춘 곳이라는 점을 잊지 말자.

여행 영어 입국

- 입국 심사 받을 때
- 수화물을 찾을 때
- 세관 검사 받을 때
- 환전할 때
- 관광 안내소를 이용할 때

- 공항 내 주요 표지판
- 숙박할 때

쉽게 통하는 여행 영어 - 입국

04 환전할 때

---

* 은행이 어디죠?
  Where's the bank?
  웨어즈 더 뱅크?

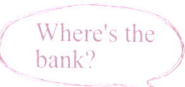

* 환전소는 어디입니까?
  Where can I change money?
  웨어 캔아이 췌인지 머니?

* 이것 좀 환전해 주시겠습니까?
  Could you exchange this?
  쿠쥬 익스췌인지 디스?

* 달러로 바꿔주세요.
  Change these to dollars, please.
  췌인지 디즈 투 달러즈, 플리즈

* 잔돈도 섞어주십시오.
  I'd like some small change.
  아이드 라익 썸 스몰 췌인지

* 이 수표를 현금으로 바꿔주세요.
  I'd like to cash this check, please.
  아이드 라익 투 캐쉬 디스 첵, 플리즈

✳ 여기서 여행자수표를 살 수 있습니까?

Can I buy traveler's check here?
캔아이 바이 트래블러즈 첵 히어?

✳ 수수료는 얼마죠?

How much is your commission?
하우 머치 이즈 유어 커미션?

✳ 여기에 서명해 주세요.

Please sign here.
플리즈 싸인 히어

쉽게 **통**하는 여행 **영어** – 입국

05 관광 안내소를 이용할 때

* 관광안내소가 어디에 있나요?
  Where is the tourist information center?
  웨어리즈 더 투어리슷 인포메이션 쎈터?

* 시내 지도 있습니까?
  Do you have a city map?
  두 유 해버 씨리 맵?

* 민박할 만한 데가 있을까요?
  Is there private rental room service?
  이즈 데어 프라이빗 렌틀 룸 써비스?

* 여기서 호텔을 예약할 수 있나요?
  Can I reserve a hotel here?
  캔아이 리저버 호텔 히어?

* 숙박할 만한 곳 좀 소개해 주시겠습니까?
  Could you suggest a good place to stay?
  쿠쥬 써제스터 굿 플레이스 투 스테이?

* 호텔까지는 어떻게 가죠?
  How can I get to the hotel?
  하우 캔아이 겟 투 더 호텔?

05 관광 안내소를 이용할 때

✱ 여기서 그곳까지는 얼마나 멀죠?
  How far is it from here to there?
  하우 파 이짓 프롬 히어 투 데어?

✱ 리무진 버스 타는 곳이 어디입니까?
  Where's the limousine bus stop?
  웨어즈 더 리무진 버스 스탑?

✱ 시내로 가는 버스가 있나요?
  Is there a bus to the city?
  이즈 데어러 버스 투 더 씨리?

✱ 여기서 렌터카를 예약할 수 있나요?
  Can I reserve a rental car here?
  캔아이 리저버 렌틀 카 히어?

Can I reserve a rental car here?

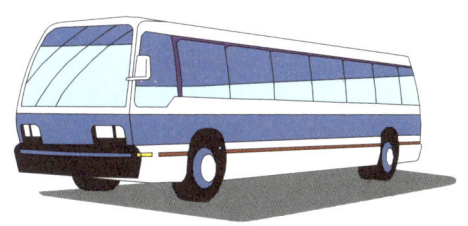

● 공항 내 주요 표지판

- 국내선(더메스틱) DOMESTIC
- 국제선(이너내셔널) INTERNATIONAL
- 출발 입구(디파츄어 게이트) DEPARTURE GATE
- 도착 입구(어라이벌 게이트) ARRIVAL GATE
- 탑승 입구(보딩 게이트) BOARDING GATE
- 탑승 수속중(나우 보딩) NOW BOARDING
- 환승 여객기(커넥팅 플라잇) CONNECTING FLIGHT
- 대기(스탠 바이) STAND BY
- 정각에(언 타임) ON TIME
- 지연(딜레이드) DELAYED
- 입국 심사(이머그레이션) IMMIGRATION
- 환전소(머니 익스췌인지) MONEY EXCHANGE
- 면세점(듀티 프리 샵) DUTY FREE SHOP
- 세관 검사대(커스텀즈) CUSTOMS

제6장
숙박할 때

✚ 호텔 예약 및 체크인
숙소는 가능한 한 출발 전에 예약하는 것이 좋다.
특히 호텔을 이용할 경우라면 여행 일정을 감안해 예약해 두는 것이 여러모로 편리하다. 예약할 때는 이쪽의 인원과 일정, 호텔의 옵션이나 비용 등을 자세히 검토한 후 예약하도록 한다. 여의치 않아 예약 없이 현지에 도착했을 때는 호텔에 직접 전화를 하거나 여행 안내소를 통해 예약하면 된다.
체크인은 말 그대로 숙박 절차를 밟는 일이다. 호텔 프런트 데스크에서 자신의 신원과 함께 예약 상황을 확인하고 숙박신고서를 작성한 후 배정받은 객실로 가면 된다. 이때 짐이나 가방은 종업원(벨보이)에게 맡겨 운반하고 1달러 정도의 가벼운 팁을 준다.

✚ 서비스 이용
호텔에서는 다양한 룸서비스를 받을 수 있다.
식사에서부터 음료수나 술은 물론 모닝콜 서비스와 세탁 서비스에 이르기까지 주문할 수 있다.

전화로 교환원에게 룸서비스 플리즈(Room service, please.)라고 말하면 주문이 이루어진다.

룸서비스는 통상 주문한 금액의 10퍼센트 정도를 룸서비스 촤지(Room service charge)로 지불하며 룸서비스맨에게는 별도로 약간의 팁(1, 2달러 정도)을 주어야 한다.

세탁물을 맡길 때는 세탁주문서를 작성하고 세탁물을 지정된 비닐봉지에 넣어두면 된다. 방 청소를 부탁할 수도 있다.

이때는 호텔 방문 손잡이에 달려 있는 사인 팻말을 '방 청소를 해주시오'라는 뜻의 메이컵 플리즈(Make up please) 쪽으로 돌려놓고 나간다.

이때도 약간의 팁(1, 2달러 정도)을 테이블 위에 올려두는 것이 예의이다. 반대로 객실을 청소하지 않고 그대로 놔두고 싶다면 '방해하지 마시오'라는 뜻의 두 낫 디스터브(Do not disturb)쪽으로 팻말을 걸고 나가면 된다.

그 밖에도 프런트에 부탁하면 각종 서비스를 받을 수 있다. 공연 관람권을 예매할 수도 있고 몸이 불편할 때는 의사를 불러달라고 요청할 수도 있다. 편지나 택배 발송도 가능하다.

✚ 체크아웃 및 계산

호텔의 숙박료는 24시간 단위(당일 정오에서 다음날 정오까지)로 계산한다. 이 기간을 조금이라도 넘기면 할증요금이나 하루치의 숙박료를 더 지불해야 할 수도 있으므로 가능한 한 시간 관리를 잘하는 것도 요령이다.

요금은 객실료에 각종 서비스 이용료가 포함돼 계산되는데 현금은 물론 신용카드나 여행자 수표로도 결제가 가능하다.

계산할 때는 계산서의 내용이나 합산에 착오가 없는지 정확하게 살펴 불필요한 오해가 없도록 주의한다. 체크아웃할 때 객실의 비품을 소지하고 나오는 일도 없도록 유의한다.

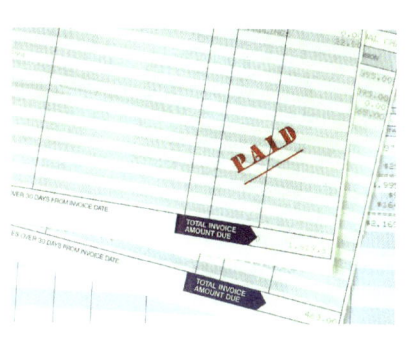

여행 영어 숙박

- 예약 없이 호텔에 갔을 때
- 예약하고 호텔에 갔을 때
- 객실을 이용할 때
- 룸서비스를 이용할 때
- 그 밖의 서비스를 이용할 때
- 프런트를 이용할 때
- 유스호스텔을 이용할 때
- 체크아웃할 때

- 호텔 관련 용어
- 관광할 때

쉽게 통하는 **여행 영어** – 숙박

01 예약 없이 호텔에 갔을 때

* 빈 방 있나요? 예약을 하지 않았습니다만.
  Do you have a room available?
  I don't have a reservation.
  두유 해버 룸 어베일러블?
  아이 돈 해버 레저베이션

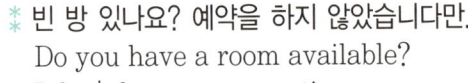

I want a room with a nice view.

* 죄송합니다만, 모두 예약돼 있는데요.
  I'm sorry. They're all reserved.
  아임 쏘리. 데이어 올 리저브드

* 다른 호텔을 추천해 줄 수 있나요?
  Can you recommend another hotel?
  캔유 리커멘 어나더 호텔?

* 어떤 방을 원하시죠?
  What kind of room would you like?
  왓 카인더 룸 우쥬 라익?

* 전망 좋은 방이면 좋겠습니다.
  I want a room with a nice view.
  아이 워나 룸 위더 나이스 뷰

* 더블룸으로 드릴까요, 싱글룸으로 드릴까요?
  A double room, or a single room?
  어 더블 룸, 오러 싱글 룸?

* 싱글룸으로 부탁합니다.
  A single room, please.
  어 싱글 룸, 플리즈

* 얼마나 묵으실 거죠?
  For how many nights?
  포 하우 매니 나잇츠?

* 닷새간 머물 겁니다.
  I'll be staying five nights.
  아일 비 스테잉 파이브 나잇츠

* 1박에 얼마죠?
  How much for a night?
  하우 머치 포러 나잇?

* 아침식사가 포함돼 있습니까?
  Is breakfast included?
  이즈 브렉퍼스트 인클루디드?

How much for a night?

쉽게 통하는 **여행 영어** - 숙박

02 예약하고 호텔에 갔을 때

* 체크인 하겠습니다.
  I'd like to check-in, please.
  아이드 라익 투 첵킨, 플리즈

* 예약하셨나요?
  Do you have a reservation?
  두유 해버 레저베이션?

* 네, 예약했습니다.
  Yes, I made a reservation.
  예스, 아이 메이더 레저베이션

* 어느 분 성함으로 예약돼 있죠?
  What name is it under?
  왓 네임 이짓 언더

* 싱글 하나 예약하셨군요. 맞죠?
  One single. Is that right?
  원 싱글. 이즈 댓 라잇?

* 숙박비는 어떻게 지불하실 건가요?
  How would you like to pay?
  하우 우쥬 라익 투 페이?

"I'd like to check in, please."

* 현금으로 하겠습니다.
  By cash, please.
  바이 캐쉬, 플리즈

* 이 숙박카드를 기입해 주십시오.
  Will you fill out this form, please?
  윌유 필아웃 디스 폼, 플리즈?

* 체크아웃은 몇 시죠?
  What time is check-out?
  왓 타임 이즈 첵카웃?

* 제 짐을 안으로 옮겨주시겠어요?
  Will you please bring my baggage inside?
  윌 유 플리즈 브링 마이 배기지 인싸이드?

쉽게 통하는 여행 영어 – 숙박

03 객실을 이용할 때

* 이 에어콘은 어떻게 조절하죠?
  How do you adjust this airconditioner?
  하우 두 유 어저스트 디스 에어컨디셔너?

* TV가 고장났군요.
  The TV is broken.
  더 티비 이즈 브로큰

* 빨리 고쳐주세요.
  Could you fix it now?
  쿠쥬 픽싯 나우?

Could you fix it now?

* 잠깐만 기다려 주세요.
  Just a moment.
  저스터 모먼

* 화장실의 물이 멈추지 않아요.
  The toilet is flowing.
  터 토일릿 이즈 플로우잉

* 더운 물이 나오지 않습니다.
  There's no hot water.
  데어즈 노 핫 워러

* 화장실에 문제가 있어요.
The toilet doesn't work.
더 토일릿 더즌 웍

* 비누가 없군요.
There's no soap.
데어즈 노 숍

* 방이 추워요.
This room is chilly.
디스 룸 이즈 췰리

* 객실을 바꿀 수 있을까요?
Could you change my room?
쿠쥬 췌인지 마이 룸?

Could you change my room?

쉽게 통하는 여행 영어 - 숙박

04 룸서비스를 이용할 때

✱ 룸서비스는 어떻게 부르죠?
How do I call room service?
하우 두 아이 콜 룸써비스?

✱ 룸서비스를 부탁해요.
Room service, please.
룸써비스, 플리즈

✱ 무엇을 주문하시겠습니까?
What would you like to order?
왓 우쥬 라익 투 오더?

✱ 토스트와 우유를 부탁합니다.
I'll have toast and milk.
아일 햅 토우스트 앤 밀크

✱ 여기는 307호실입니다.
I'm in room 307.
아임 인 룸 쓰리지로쎄븐

✱ 바로 올려 보내겠습니다.
It'll be right up.
잇일 비 라이럽

✳✳ 주문한 아침식사가 아직 오지 않았습니다.
I'm still waiting for the breakfast I ordered.
아임 스틸 웨이링 포 더 브렉퍼스트 아이 오더드

✳✳ 얼음과 물도 좀 갖다 주십시오.
Bring me some ice and water, please.
브링 미 썸 아이스 앤 워러, 플리즈

✳✳ 가능한 한 빨리 부탁합니다.
As soon as possible.
애즈 쑨 애즈 파써블

As soon as possible.

✳✳ 내일 아침 6시에 모닝콜 좀 부탁드립니다.
I need a wake up call at six tomorrow.
아이 니더 웨이컵 콜 앳 씩스 터마로우

쉽게 통하는 여행 영어 – 숙박

05 그 밖의 서비스를 이용할 때

* 식당이 어디에 있죠?
  Where is the dining room?
  웨어리즈 더 다이닝 룸?

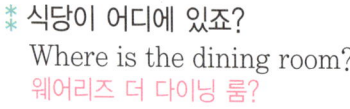

* 아침식사는 몇 시부터 할 수 있습니까?
  What time can I have breakfast?
  왓 타임 캔아이 햅 브렉퍼스트?

* 식당까지 안내해 주실래요.
  Show me the restaurant, please.
  쇼우 미 더 레스토런 플리즈

* 컴퓨터가 있습니까?
  Do you have a computer?
  두 유 해버 컴퓨러?

* 세탁 서비스가 됩니까?
  Do you have a laundry service?
  두 유 해버 론드리 써비스?

* 세탁을 부탁합니다.
  I'd like to drop off some laundry.
  아이드 라익 투 드럽어프 썸 론드리

* 짐꾼 좀 불러주십시오.
 A hotel porter, please.
 어 호텔 포터, 플리즈

* 이곳에 쇼핑할 데가 있나요?
 Is there a shopping mall?
 이즈 데어러 샵핑 몰?

* 이 호텔에 수영장이 있습니까?
 Any pool in this hotel?
 애니 풀 인 디스 호텔?

* 제 숙박료에 달아놓으십시오.
 Please, put it on my bill.
 플리즈 푸릿 온 마이 빌

쉽게 통하는 여행 영어 - 숙박

06 프런트를 이용할 때

✱ 제 방 열쇠를 주시겠습니까?
Can I have my room key?
캔아이 햅 마이 룸 키?

✱ 열쇠를 방에 놓고 나왔습니다.
I left the key in my room.
아이 렙트 더 키 인 마이 룸

✱ 방 열쇠를 하나 더 주실 수 있나요?
Could you give me one more room key?
쿠쥬 깁 미 원 모어 룸 키?

✱ 하룻밤 더 묵었으면 합니다.
I'd like to stay one more night.
아이드 라익 투 스테이 원 모어 나잇

✱ 하루 일찍 떠났으면 합니다.
I'd like to leave one day earlier.
아이드 라익 투 리브 원 데이 얼리어

I'd like to stay one more night.

* 이 방은 시끄럽군요.
  다른 방으로 바꿨으면 합니다.
  This room is noisy.
  I'd like to switch to another room.
  디스 룸 이즈 노이지.
  아이드 라익 투 스위치 투 어나더 룸

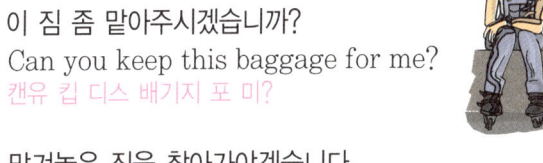

I'd like to pick up my baggage.

* 제게 남겨진 메모가 있습니까?
  Are there any messages for me?
  아 데어 애니 메씨지즈 포 미?

* 이 짐 좀 맡아주시겠습니까?
  Can you keep this baggage for me?
  캔유 킵 디스 배기지 포 미?

* 맡겨놓은 짐을 찾아가야겠습니다.
  I'd like to pick up my baggage.
  아이드 라익 투 픽컵 마이 배기지

쉽게 통하는 **여행 영어** – 숙박

07 유스호스텔을 이용할 때

* 유스호스텔 가는 길 좀 알려주시겠어요?
  Can you tell me how to get to the Youth Hostel?
  캔유 텔 미 하우 투 겟 투 더 유쓰호스텔

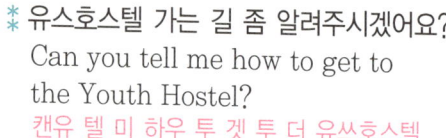

* 회원증이 있습니다.
  I have a membership card.
  아이 해버 멤버쉽 카드

* 오늘밤 2인용 침대가 있습니까?
  Do you have two beds tonight?
  두 유 햅 투 베즈 투나잇

* 1박에 얼마죠?
  How much for a night?
  하우 머취 포러 나잇?

* 이틀간 머물렀으면 합니다.
  I want to stay for two nights.
  아이 워나 스테이 포 투 나잇츠

* 취사가 되나요?
  Can I cook for myself?
  캔아이 쿡 포 마이쎌프?

* 냄비와 버너 좀 빌려주십시오.
  Please lend me a pan and burner.
  플리즈 렌드 미 어 팬 앤 버너?

* 시트 좀 빌려주십시오.
  Please lend me a bed sheet.
  플리즈 렌드 미 어 베드 쉿

* 짐은 어디에 맡겨야 하나요?
  Where can I leave my baggage?
  웨어 캔아이 리브 마이 배기지?

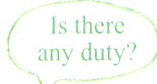

* 샤워는 어디서 하죠?
  Where can I shower?
  웨어 캔아이 샤워?

* 주의할 사항이 있나요?
  Is there any duty?
  이즈 데어 애니 듀티?

쉽게 통하는 여행 영어 - 숙박
08 체크아웃할 때

* 체크아웃을 하고 싶습니다만.
  I'd like to check-out.
  아이드 라익 투 첵카웃

* 계산서 좀 준비해 주시겠습니까?
  Could you have my bill ready for me?
  쿠쥬 햅 마이 빌 레디 포 미?

* 계산서가 잘못 된 것 같은데요.
  I think there is a mistake on this bill.
  아이 씽크 데어리즈 어 미스테익 온 디스 빌

* 열쇠 여기 있습니다.
  Here's the key.
  히어즈 더 키

* 신용카드도 받습니까?
  Do you accept credit card?
  두 유 억셉트 크레딧 카드?

* 영수증 좀 부탁합니다.
  Please give me a receipt.
  플리즈 깁미 어 리씻

* 제 짐은 내려왔나요?
  Is my baggage comming down?
  이즈 마이 배기지 커밍 다운?

* 방에 두고 온 물건이 있군요.
  I left something in my room.
  아이 레픗 썸씽 인 마이 룸

* 있는 동안 정말 즐거웠습니다.
  I'm very enjoyed my stay here.
  아임 베리 인조이드 마이 스테이 히어

> I'm very enjoyed my stay here.

● 호텔 관련 용어

- 관광 호텔(투어리스트 호텔) tourist hotel
- 안내(인포메이션) information
- 접수처(프런트 데스크) front desk
- 로비(라비) lobby
- 비상구(이머전씨 엑씻) emergency exit
- 식당(다이닝 룸) dining room
- 행사장(리셉션 룸) reception room
- 숙박신고서(레지스트레이션 카드) registration card
- 계산서(빌) bill
- 영수증(리씻) receipt
- 지배인(매니저) manager
- 회계(캐쉬어) cashier
- 도어맨(도어맨) doorman
- 벨보이(벨보이) bellboy
- 1인실(싱글 룸) single room
- 2인실(더블 룸) double room
- 방 열쇠(룸 키) room key
- 보조 열쇠(엑스트라 키) extra key
- 귀중품 보관소(쎄이프티 박스) safety box

- 메시지 함(메씨지 박스) message box
- 화장실(레스트 룸/래버터리) rest room/lavatory
- 휴지(토일릿 페이퍼) toilet paper
- 복도(플로어) floor
- 층계(스테어웨이) stairway
- 욕실(배쓰룸) bathroom
- 샤워(샤워) shower
- 비누(쏘우프) soap
- 수건(타월) towel
- 룸서비스(룸 써비스) room service
- 세탁서비스(론드리 써비스) laundry service

제7장
관광할 때

➕ 관광안내소 이용하기

낯선 곳을 여행할 때 정보를 얻기 손쉬운 곳이 바로 관광안내소이다. 관광안내소를 잘 활용하면 시간과 비용을 줄일 수 있고 알찬 여행을 할 수도 있다. 웬만한 도시라면 관광안내소를 찾는 일이 그리 어렵지 않다.

통상 ①라고 표시된 간판을 찾아가면 된다. 안내소에는 그 도시에 대한 지도나 풍물, 관광 코스에 대한 각종 정보를 망라한 팸플릿을 비치하고 있다. 버스나 지하철 같은 대중교통 노선표도 한눈에 알아볼 수 있도록 자료화하고 있으므로 이를 활용하면 편리하다.

➕시내 관광하기

단체 관광처럼 가이드가 있는 여행이라면 시내를 돌아보는 데 큰 어려움이 없을 것이다.
하지만 개별 여행이라면 상황이
다르다.

관광지에 대한 충분한 사전 정보 없이 여행하다 보면 뜻하지 않은 낭패를 볼 수도 있다. 그러므로 효과적인 관광을 위해서는 꼼꼼한 사전 준비가 필수이다.

관광 목적지를 분명히 정하고 출발하되 교통 노선을 미리 점검할 필요가 있다. 어디에서 몇 번 버스를 타고 어디에서 내릴 것인지, 지하철을 이용한다면 몇 호선을 타고 어디에서 내려 몇 번 출구로 나가야 하는지에 이르기까지 철저히 확인해 두어야 한다.

박물관이나 미술관을 둘러보려면 개관 시간이 몇 시인지, 휴무일은 언제인지 등을 미리 확인하고 움직여야 낭패를 보지 않는다.

카메라와 필름을 챙기는 일은 물론 잔돈도 충분히 준비해 가는 것이 좋다. 숙소로 다시 돌아와야 할 관광이라면 짐은 최소화해 행장을 가볍게 하고 귀중품은 소지하지 않도록 한다. 일기 상황을 체크해 우산이나 우의를 챙기는 일도 빼놓을 수 없는 일이다.

✚ 알아야 할 관광 상식

외국을 여행할 때, 여행하는 것은 개인이지만 개인의 이미지 실추가 국가의 이미지 실추로 연결될 수도 있다는 점을 명심해 행동할 필요가 있다.

가급적 실수를 줄이되 실수했다고 생각하면 반드시 사과하는 습관을 기르는 것이 중요하다. 복잡한 관광지에서 타인과 이리저리 부딪치다 보면 본의 아니게 사과할 일이 생긴다.

또 문화가 다르므로 내가 보기에는 아무렇지도 않은 행동이 남에게는 결례가 되는 경우도 있다. 빤히 사람을 쳐다본다든가 불필요한 손가락질로 오해를 사서는 안된다.

관람시에는 줄을 서서 꼭 질서를 지키도록 하고 함부로 침을 뱉거나 담배꽁초를 버리는 일도 해서는 안된다. 공공장소에서의 금연은 이제 세계적인 흐름이므로 이를 존중할 필요도 있다.

특히 예약문화가 일찍부터 정착된 외국에서는 가능한 한 예약한 일정에 맞춰 행동해야 한다. 미리 예약하고 당일에는 반드시 예약 상황을 확인해 번거로운 시간 낭비를 줄이도록 한다. 사진을 찍을 때도 나라마다 정해진 금도와 금기가 있으므로 주의한다. 이곳이 촬영 금지 구역인지 아닌지 확인하고 사진을 찍어야 함은 물론 현지인의 자존심을 존중해 촬영에 임해야 한다.

외국인의 협력이 필요할 땐 꼭 양해를 얻어 사진을 찍고 함께 사진을 찍고 싶을 경우에도 무리하게 강요하지 말도록 하자.

※각국에는 흥행하는 스포츠 게임이 한둘씩은 있기 마련이다. 미리 알아두고 관전하면 흥미로운 여흥거리가 될 수 있다. 미국에는 메이저리그 야구를 비롯해 NBA 농구, 미식 축구, 로데오 경기 등이 있다.

또 미국을 포함한 대부분의 유럽 국가에서는 프로축구나 경마, 자동차 경주 같은 빅게임이 성행하고 있다는 것도 알아두자. 스페인의 투우와 모나코나 마카오, 미국 라스베이거스의 도박장도 기회가 된다면 한번쯤 둘러보는 것 역시 흥미로운 일이다.

여행 영어 관광

- 관광안내를 받을 때
- 사진을 찍을 때
- 공연 관람이나 스포츠를 즐길 때
- 오락할 때

- 관광 관련 용어
- 식사할 때

01 관광 안내를 받을 때

* 관광안내소는 어디에 있죠?
Where is the tourist information center?
웨어리즈 더 투어리스트 인포메이션 쎈터?

* 시내 지도가 있나요?
Do you have a city map?
두유 해버 씨리 맵?

* 여행 안내책자 좀 얻을까요?
Could I get a tour guidebook?
쿠라이 게러 투어 가이드북?

* 볼만한 곳이 있으면 추천해 주시겠습니까?
Can you recommend some interesting place?
캔유 리커멘드 썸 인터레스팅 플레이스?

* 유람선 타는 곳은 어디입니까?
Where can I get on a sightseeing boat?
웨어 캔아이 게런 어 싸잇씽 보트?

* 어디에서 출발합니까?
Where does it start?
웨어 더짓 스탓?

* 몇 시에 출발하죠?
  What time does it leave?
  왓 타임 더짓 리브?

* 여기에서 표를 살 수 있나요?
  Can I buy a ticket here?
  캔아이 바이 어 티킷 히어?

Can I buy a ticket here?

* 자전거를 빌릴 만한 데가 있나요?
  Where can I rent a bicycle?
  웨어 캔아이 렌터 바이시클?

* 자세히 설명해 주십시오.
  Tell me the details, please.
  텔 미 더 디테일즈, 플리즈

쉽게 통하는 **여행 영어** - 관광

02 사진을 찍을 때

* 여기에서 사진을 찍어도 괜찮을까요?
  May I take pictures here?
  메아이 테익 픽춰스 히어

* 사진 좀 찍어주실래요?
  Would you take a picture for us?
  우쥬 테이커 픽춰 포러스?

* 셔터 좀 눌러주세요.
  Please press the shutter for me.
  플리즈 프레스 더 셔터 포 미

* 이 버튼을 누르기만 하면 됩니다.
  Just push this button.
  저슷 푸쉬 디스 버튼

* 준비됐습니다. 찍으세요.
  I'm ready, go ahead.
  아임 레디, 고 어헤드

* 한 장 더 부탁합니다.
  One more, please.
  원 모어, 플리즈

* 같이 찍지 않으시겠습니까?
May I have a photo taken with you?
메아이 해버 포토 테이큰 위듀?

* 당신을 찍어도 되겠습니까?
May I take your picture?
메아이 테이큐어 픽춰?

* 필름 한 통 넣어주세요.
Put a roll of film, please.
푸러 롤 옵 필름, 플리즈

* 카메라가 고장났군요.
Camera doesn't work.
캐머러 더즌 웍

> May I have a photo taken with you?

쉽게 통하는 **여행 영어** - 관광

03 공연 관람이나 스포츠를 즐길 때

* 실례지만, 매표소가 어디죠?
  Excuse me, where is the ticket booth?
  익스큐즈 미, 웨어리즈 더 티킷 부쓰?

* 영화관은 어디에 있습니까?
  Where is the movie theater?
  웨어리즈 더 무비 씨어터?

* 공연은 몇 시에 시작하죠?
  What time does the performance begin?
  왓 타임 더즈 더 퍼포먼스 비긴?

* 몇 시에 끝납니까?
  What time will it be over?
  왓 타임 윌 윗 비 오우버?

* 표는 있나요?
  Can I get a ticket?
  캔아이 게러 티킷?

* 입장료는 얼마죠?
  How much is the admission fee?
  하우 머취 이즈 디 어드미션 피?

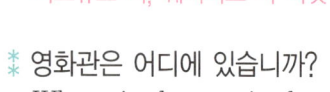
Can I get a ticket?

* 학생인데 할인 됩니까?

 Do you have a student rate?
 두 유 해버 스튜던 레잇?

* 단체 할인 됩니까?

 Do you have a group discounts?
 두 유 해버 그룹 디스카운츠?

* 어른 표 두 장 주세오.

 Two adults, please.
 투 어덜츠, 플리즈

* 제일 싼 좌석으로 3장 주세오.

 Three cheapest tickets, please.
 쓰리 취피스트 티킷츠 플리즈

* 입구가 어딘가요?

 Where is the entrance?
 웨어리즈 디 엔트런스?

* 출구는 어디죠?

 Where is the exit?
 웨어리즈 디 엑씻?

Where is the exit?

쉽게 통하는 **여행 영어** – 관광

03 공연 관람이나 스포츠를 즐길 때

* 공연 팜플렛을 팝니까?
 Do you sell show pamphlet?
 두 유 쎌 쇼우 팸플렛?

Do you sell show pamphlet?

* 안에서 사진 촬영이 가능합니까?
 May I take some pictures inside?
 메아이 테익 썸 픽춰스 인싸이드?

* 여기 자리 있습니까?
 Is this seat taken?
 이즈 디스 씨잇 테이큰?

* 영화를 보고 싶어요.
 I want to see a movie.
 아이 워나 씨 어 무비

* 오페라는 어디서 관람하죠?
 Where can I see an opera?
 웨어 캔아이 씨 언 아퍼러?

* 박물관은 몇 시에 여나요?
 When does the museum open?
 웬 더즈 더 뮤지엄 오픈?

* 입장료가 있나요?
Is there a charge for admission?
이즈 데어러 촤지 퍼 어드미션?

* 야구 시합을 보고 싶습니다.
I want to watch a baseball game.
아이 워나 왓치 어 베이스볼 게임

* 오늘 시합이 있나요?
Is there any games today?
이즈 데어 애니 게임즈 투데이?

* 낚시를 했으면 합니다.
I want to go fishing.
아이 워나 고우 핏싱

Is there a charge for admission?

* 스쿠버다이빙을 할만한 곳이 있을까요?
Any places scuba diving?
애니 플레이시즈 스쿠버다이빙?

* 골프 투어에 참가하고 싶습니다.
I want to join the golf tour.
아이 워나 조인 더 골프 투어

쉽게 통하는 여행 영어 - 관광
04 오락할 때

* 이 근처에 디스코 장이 있습니까?
  Is there any discotheque around here?
  이즈 데어 애니 디스코텍 어라운드 히어?

* 몇 시에 문을 여나요?
  What time does it open?
  왓 타임 더짓 오픈?

* 디스코 장에 가고 싶습니다.
  I want to go discotheque.
  아이 워나 고우 디스코텍

* 저와 함께 춤추실래요?
  Would you dance with me?
  우쥬 댄스 위드 미?

* 호텔에 카지노가 있습니까?
  Is there a casino in hotel?
  이즈 데어러 커씨노 인 호텔?

* 초보자에게 좋은 게임이 뭐죠?
  Which is a good game for a beginner?
  위치 이저 굿 게임 포러 비기너?

Is there any discotheque around here?

* 바카라는 어떻게 하는 겁니까?
  How to play baccara?
  하우 투 플레이 바커라?

* 저는 규칙을 모릅니다.
  I don't know the rules.
  아이론 노우 더 룰즈

* 카지노에 가본 적이 없어요.
  I have never played in a casino.
  아이 햅 네버 플레이드 인어 커씨노

* 30달러를 칩으로 주세요.
  30 dollars in chips, please.
  써리 달러즈 인 첩스, 플리즈

● 관광 관련 용어

- 관광(싸잇씨잉) sightseeing
- 동물원(주우) zoo
- 식물원(버태니컬 가든) botanical garden
- 박람회(엑스퍼지션) exposition
- 박물관(뮤지엄) museum
- 수족관(어퀘어리엄) aquarium
- 전시장(엑써비션) exhibition
- 화랑(아트 갤러리) art gallery
- 유원지(레크리에이션 그라운드) recreation ground
- 공원(팍) park
- 축제(페스티벌) festival
- 행사(이벤트) event
- 사진 촬영 금지(노 포토그랩스) no photographs
- 플래시 금지(노 플래시) no flash

- 현상(디벨롭) develop
- 인화(컨택트 프린츠) contact prints
- 극장(씨어터) theater
- 자동차 극장(드라이브 인 씨어터) drive-in theater
- 음악당(콘써트 홀) concert hall
- 매표소(티킷 오피스) ticket office
- 예매권(어드밴스 티킷) advance ticket
- 예약석(리저브드 씨이팅) reserved seating
- 자유석(프리 씨이팅) free seating
- 빈 자리(엠프티 씨잇) empty seat
- 공연 (퍼포먼스) performance

제8장
식사할 때

✚ 레스토랑 예약하기

보통의 식당이라면 그렇지 않지만 고급 레스토랑을 이용할 때는 예약을 하고 가는 것이 상식이다.

사전에 이쪽의 식사 인원과 이용 시간을 예약한 뒤 격식에 맞는 의복을 갖춰 입고 간다. 남자는 정장을 하는 것이 원칙이며 여성은 드레스에 구두를 신는다.

상황이 여의치 않아 의복을 갖춰 입지 못했다면 식당에서 빌려 입어도 되므로 당황하지 않아도 된다.

✚ 주문하고 식사하기

종업원의 안내에 따라 자리에 앉고 나면 주문을 하게 되는데 먼저 메뉴판을 펼쳐 자신이 먹고 싶은 음식을 충분히 살핀 후에 선택한다. 메뉴는 대체로 수프, 샐러드, 고기요리, 생선요리 순으로 되어 있으므로 기호에 따라 한 가지씩 고르면 된다. 요리가 낯설어 선택이 쉽지 않다면 식당에서 추천하는 그날의 요리(Today's Special)를 선택하는 것도 좋은 방법이다.

이런 음식은 세트화되어 있기 때문에 샐러드나 후식 등을 일일이 주문하지 않아도 되므로 간편하게 즐길 수 있다. 또 식당의 대표 음식에 속한다고 할 수 있어 맛도 괜찮고 값도 비교적 저렴한 편이다.

주문이 끝나고 나면 식사를 하게 되는데 이때도 서두르지 않고 천천히 음미하는 자세로 식사를 하는 것이 좋다.

우선 음료나 칵테일 류의  술을 마신 다음 전채(오르되브르;입맛을 돋구기 위해 식사 전에 나오는 간단한 요리)나 샐러드에 이어 수프를 먹는다. 다음에 그 날의 주요리인 메인 디쉬가 나오는데 스테이크 요리를 주문했다면 그 구운 정도에 따라 고기가 다르다는 것을 염두에 두고 식사할 필요가 있다. 스테이크는 살짝 구운 것과 적당히 구운 것, 바싹 구운 것 세 가지가 있는데 취향에 따라 선택한다.

테이블에는 담당 웨이터들이 있으므로 혹 식사 중에 궁금한 사항이나 부탁할 일이 있다면 이들에게 서비스를 받도록 한다.
큰소리로 웨이터를 부른다거나 주문한 음식을 재촉하는 등의 행위는 결례이므로 삼간다.

✚ 식사 예절 지키기

식사 중에는 기본적으로 지켜야 할 예절이 있는데 다음 사항은 그 대표적인 것들이다.

- 식사 도중에는 남에게 방해가 되는 언행을 하지 않도록 주의해야 한다. 혐오감을 줄 정도로 큰소리로 떠들거나 웃지 않음은 물론 쩝쩝 소리를 내며 음식을 씹지 않도록 한다.
- 입 안에 음식물을 가득 넣은 상태에서 얘기하지 않는다.
- 냅킨은 무릎 위에 펼쳐놓는다.
- 티스푼을 넣은 채 차를 마시지 않는다.
- 접시나 그릇을 들고 음식을 먹지 않는다.
- 식사중에 자리를 비워야 할 일이 있다면 냅킨을 의자에 올려놓고 포크와 나이프를 여덟팔(八) 자가 되도록 두고 나간다.

이런 음식은 세트화되어 있기 때문에 샐러드나 후식 등을 일일이 주문하지 않아도 되므로 간편하게 즐길 수 있다. 또 식당의 대표 음식에 속한다고 할 수 있어 맛도 괜찮고 값도 비교적 저렴한 편이다.

주문이 끝나고 나면 식사를 하게 되는데 이때도 서두르지 않고 천천히 음미하는 자세로 식사를 하는 것이 좋다.

우선 음료나 칵테일 류의 술을 마신 다음 전채(오르되브르;입맛을 돋구기 위해 식사 전에 나오는 간단한 요리)나 샐러드에 이어 수프를 먹는다. 다음에 그 날의 주요리인 메인 디쉬가 나오는데 스테이크 요리를 주문했다면 그 구운 정도에 따라 고기가 다르다는 것을 염두에 두고 식사할 필요가 있다. 스테이크는 살짝 구운 것과 적당히 구운 것, 바싹 구운 것 세 가지가 있는데 취향에 따라 선택한다.

테이블에는 담당 웨이터들이 있으므로 혹 식사 중에 궁금한 사항이나 부탁할 일이 있다면 이들에게 서비스를 받도록 한다.
큰소리로 웨이터를 부른다거나 주문한 음식을 재촉하는 등의 행위는 결례이므로 삼간다.

✚ 식사 예절 지키기

식사 중에는 기본적으로 지켜야 할 예절이 있는데 다음 사항은 그 대표적인 것들이다.

- 식사 도중에는 남에게 방해가 되는 언행을 하지 않도록 주의해야 한다. 혐오감을 줄 정도로 큰소리로 떠들거나 웃지 않음은 물론 쩝쩝 소리를 내며 음식을 씹지 않도록 한다.
- 입 안에 음식물을 가득 넣은 상태에서 얘기하지 않는다.
- 냅킨은 무릎 위에 펼쳐놓는다.
- 티스푼을 넣은 채 차를 마시지 않는다.
- 접시나 그릇을 들고 음식을 먹지 않는다.
- 식사중에 자리를 비워야 할 일이 있다면 냅킨을 의자에 올려놓고 포크와 나이프를 여덟팔(八) 자가 되도록 두고 나간다.

- 옆 테이블에 양념이 있을 경우 직접 가져오려 하지 말고 옆 테이블의 사람에게 정중히 부탁하거나 웨이터에게 부탁한다.
- 식사도구를 떨어뜨렸다면 줍지 말고 다시 주문한다.
- 빵은 손으로 뜯어 먹는다.
- 흡연석이 아닌 한 담배를 피우지 않는다.

✚ 계산하기

계산은 팁을 포함해 하는 것이 원칙이다. 현금이나 신용카드를 계산서와 함께 테이블에 올려놓으면 웨이터가 계산해 준다. 계산서에 팁이 포함돼 있다면 따로 팁 계산을 할 필요는 없다. 그렇지 않을 경우에는 전체 금액의 10퍼센트 내외를 팁으로 준다. 신용카드의 경우에는 팁이 포함된 가격을 전표에 써넣는다.

여행 영어 식사

- 식당을 예약할 때
- 예약하지 않았을 때
- 음식을 주문할 때
- 식사할 때
- 계산할 때
- 패스트푸드점을 이용할 때
- 술 마실 때

- 식사와 관련된 용어
- 쇼핑할 때

쉽게 통하는 여행 영어 – 식사

01 식당을 예약할 때

* 오늘밤 7시에 예약을 하고 싶습니다.
  I'd like to make a reservation for seven tonight.
  아이드 라익 투 메이커 레저베이션 포 쎄븐 투나잇

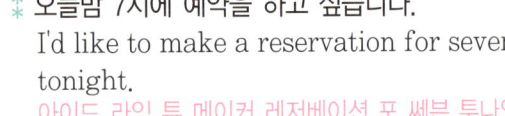

* 손님이 몇 분이신가요?
  How many people, sir?
  하우 매니 피플, 써?

* 세 명입니다.
  Three people.
  쓰리 피플

* 좋습니다. 성함이 어떻게 되시죠?
  OK. May I have your name?
  오케이. 메아이 해뷰어 네임?

* 박이라고 합니다.
  The name is Park.
  더 네임 이즈 팍

* 복장을 제한합니까?

    Do you have a dress code?
    두 유 해버 드레스 코드?

* 흡연석이었으면 좋겠습니다.

    We'd like a smoking table.
    위드 라이커 스모킹 테이블

* 창가쪽 자리로 해주실 수 있을까요?

    Could we have a table by the window?
    쿠듸 해버 테이블 바이 더 윈도우?

* 몇 시까지 가야 하죠?

    By when can we go?
    바이 웬 캔위 고?

쉽게 통하는 **여행 영어** – 식사
02 예약하지 않았을 때

* 빈 자리 있나요?
Are there any empty tables?
아 데어 애니 엠티 테이블즈?

* 예약하셨습니까?
Did you have a reservation?
디쥬 해버 레저베이션?

* 하지 않았습니다.
We don't have a reservation.
위 돈 해버 레저베이션

* 여기서 잠시 기다려 주십시오.
Wait here for a few minutes, please.
웨잇 히어 포러 퓨 미니츠, 플리즈

* 얼마나 기다려야 하죠?
How long do we wait?
하우 롱 두 위 웨잇

* 몇 분이십니까?
How many is your party?
하우 매니 이즈 유어 파리?

How long do we wait?

* 혼자입니다.
 Just myself.
 저슷 마이셀프

* 이쪽으로 오십시오.
 Come over here, please.
 컴 오버 히어, 플리즈

* 조용한 자리로 부탁합니다.
 In a quiet corner.
 인어 콰이엇 코너

* 자리가 마련돼 있습니다.
 Now we have a table for you.
 나우 위 해버 테이블 포 유

쉽게 통하는 **여행 영어** - 식사

03 음식을 주문할 때

* 주문하시겠습니까?
  Are you ready to order?
  아 유 레디 투 오더?

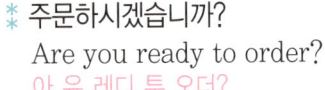

* 메뉴 좀 볼까요.
  May I see a menu?
  메아이 씨 어 메뉴?

* 오늘의 특별 요리가 뭔가요?
  What's today's special?
  왓츠 투데이즈 스페셜?

* 추천할 만한 음식이 있습니까?
  Do you have any recommendation?
  두 유 햅 애니 리커먼데이션?

* 뭐가 맛있죠?
  What's good here?
  왓츠 굿 히어?

* 이것은 무슨 요리죠?
  What kind of dish is this?
  왓 카인더 디쉬 이즈 디스?

* 스테이크/스파게티 주세요.
 I'll have a steak/spaghetti.
 아일 해버 스테익/스퍼게리

* 스테이크는 어떻게 익혀드릴까요?
 How would you like your steak done?
 하우 우쥬 라이크 유어 스테익 단?

* 반쯤 익혀주세요.
 Medium-rare, please.
 미디엄 레어, 플리즈

* 감자는 어떤 것으로 드시겠어요?
 What kind of potato would you like?
 왓 카인더 포테이토 우쥬 라익?

* 구운 걸로 주세요.
 Baked potato, please.
 베이킷 포테이토, 플리즈

* 저도 같은 걸로 하겠습니다.
 Same here, please.
 쎄임 히어, 플리즈

** 디저트는 뭘로 하시겠습니까?
What would you like for dessert?
왓 우쥬 라익 포 디저트?

** 홍차로 주세요.
I'll have tea.
아일 햅 티

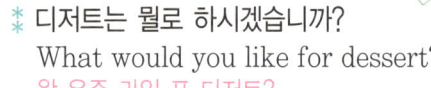

** 더 주문할 게 있습니까?
Would you care for anything else?
우쥬 케어 포 애니씽 엘스

** 좀 급해요. 가능한 한 빨리 주시겠어요?
I'm in a hurry. Could you bring it as soon as possible?
아임 인어 허리, 쿠쥬 브링 잇
애즈 쑨 애즈 파써블?

쉽게 통하는 **여행 영어** – 식사
04 식사할 때

---

* 주문한 요리가 아직 안 나왔어요.
  My order hasn't come yet.
  마이 오더 해즌 컴 옛

* 맛이 어때요?
  How does it taste?
  하우 더짓 테이스트

* 맛있어 보이는군요.
  It looks delicious.
  잇 룩스 딜리셔스

* 정말 맛있어요.
  This is delicious.
  디씨즈 딜리셔스

* 후추 좀 건네주시겠어요?
  Could you pass me the pepper?
  쿠쥬 패스 미 더 페퍼?

* 미안해요. 젓가락을 떨어뜨렸군요.
  I'm sorry. I dropped my chopsticks.
  아임 쏘리. 아이 드랍트 마이 찹스틱스

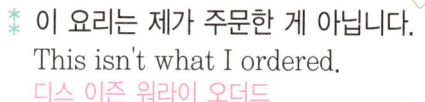

✲ 이 요리는 제가 주문한 게 아닙니다.
This isn't what I ordered.
디스 이즌 워라이 오더드

✲ 메뉴 좀 다시 주세요.
Please bring me the menu again.
플리즈 브링 미 더 메뉴 어겐

✲ 물 좀 더 주세요.
Some more water, please.
썸 모어 워러, 플리즈

✲ 이것 좀 치워주세요.
Take this away, please.
테익 디스 어웨이, 플리즈

05 계산할 때

쉽게 통하는 여행 영어 - 식사

* 계산합시다./ 계산서 주세요.
  Check, please.
  /Please let me have the bill.
  책, 플리즈/플리즈 렛 미 햅 더 빌

* 모두 얼마죠?
  How much is altogether?
  하우 머취 이즈 올투게더?

* 선불인가요?
  Shall I pay first?
  쉐라이 페이 퍼스트?

* 계산서에 봉사료가 포함돼 있나요?
  Does the bill include the service charge?
  더즈 더 빌 인크룻 더 써비스 촤지?

* 각자 계산합시다.
  Let's go dutch.
  렛츠 고 더취

* 제 몫은 얼마죠?
  How much is my share.
  하우 머취 이즈 마이 셰어

* 제가 내겠습니다.
  This is on me.
  디씨즈 온 미

* 신용카드를 받나요?
  Do you accept credit card?
  두 유 액셉트 크레딧 카드?

* 거스름돈이 틀리네요.
  You gave me wrong change.
  유 게입 미 롱 체인지

06 패스트푸드점을 이용할 때

* 콜라 주세요.
  Coke, please.
  코욱, 플리즈

* 얼음 많이 넣어 주세요.
  A lot of ice, please.
  어 라러 아이스, 플리즈

* 햄버거 하나와 콜라 주세요.
  A hamburger and coke, please.
  어 햄버거 앤 코욱, 플리즈

* 커피 있습니까?
  Do you have a coffee?
  두 유 해버 커피?

* 리필 됩니까?
  May I have a refill?
  메아이 해버 리필?

May I have a refill?

* 여기서 드실 건가요, 가져가실 건가요?
  Here or to go?
  히어 오어 투 고?

* 여기서 먹을 거예요.
　For here.
　포 히어

* 빨대는 어디에 있죠?
　Where's straw?
　웨어즈 스트로?

* 더 주문하실 건 없나요?
　Anything else?
　애니씽 엘스?

* 네, 됐어요.
　Yes, that's all.
　예스, 댓츠 올

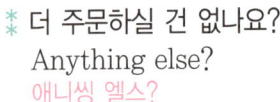

쉽게 통하는 여행 영어 - 식사
07 술 마실 때

* 어떤 음료수가 있나요?
  What drinks do you have?
  왓 드링스 두 유 햅?

* 가벼운 걸로 하겠습니다.
  I'd like a light alcohol.
  아이드 라이커 라이트 앨커홀

* 저는 독주를 좋아해요.
  I like hard liquor.
  아이 라익 하드 리커

* 어떤 맥주가 있죠?
  What kind of beers do you have?
  왓 카인더 비어즈 두 유 햅?

* 맥주 두 병 주세요.
  Two bottles of beer, please.
  투 바를어 비어, 플리즈

* 생맥주 한 잔 주세요.
  One glass of draft beer, please.
  어 글래스어 드래프트 비어, 플리즈

I'd like a light alcohol

쉽게 통하는 여행 영어 – 식사

07 술 마실 때

* 한 병 더 주시겠어요?
  May I have another one?
  메아이 햅 어나더 원?

* 있는 동안 즐겁게 지내요, 건배!
  Enjoy your stay here, Cheers!
  인조이 유어 스테이 히어, 취어스!

* 우리 모두의 건강을 위하여, 건배!
  To everyone's health, cheers!
  투 에브리원스 헬스, 취어스!

Enjoy your stay here, Cheers!

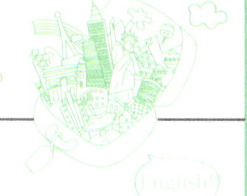

● 식사와 관련된 용어
- 아침식사(브렉퍼스트) breakfast
- 점심식사(런취) lunch
- 저녁식사(디너/써퍼) dinner / supper
- 음식(미일) meal
- 향토 음식(로컬 푸드) local food
- 덜 익은(레어) rare
- 잘 익힌(웰던) well-done
- 적당히 익힌(미디엄) medium
- 거스름돈(췌인지) change
- 서비스요금(써비스 촤지) service charge
- 계산서(빌) bill
- 영수증(리씨트) receipt

● 요리와 관련된 용어
- 맑은 수프(컨써메이) consomme
- 진한 수프(포타지) potage
- 야채 수프(베지터블 숩) vegetable soup
- 전채 요리(에피타이저) appetizer
- 샐러드(샐럿) salad

- 주요리(메인 디쉬) main dish
- 해산물요리(씨푸드) seafood
- 밥(보일드 라이스) boiled rice
- 빵(브레드) bread
- 롤빵(로울) roll
- 크라상(크러싼) croissant
- 오트밀(오우트 밀) oatmeal
- 육류(미트) meat
- 돼지고기(포크) pork
- 쇠고기(비프) beef
- 양고기(머튼) mutton
- 닭고기(치킨) chicken
- 스테이크(스테익) steak
- 게(크랩) crab
- 바다가재(랍스터) lobster
- 조개(셸피쉬) shellfish
- 굴(오이스터) oyster
- 작은 새우(슈림프) shrimp

● 양념과 관련된 용어들

- 간장(쏘이 쏘스) soy sauce
- 소금(쏠트) salt
- 고추(레드 페퍼) red pepper
- 겨자(머스터드) mustard
- 후추(페퍼) pepper
- 설탕(슈거) sugar
- 식초(비니거) vinegar
- 마늘(갈릭) garlic
- 조미료(씨즈닝) seasoning
- 케첩(케첩) ketchup
- 마요네즈(메이어네이즈) mayonnaise

제9장
쇼핑할 때

✚ 쇼핑 전 준비

외국 여행에서 쇼핑을 할 때 가장 중요한 것은 낭비를 줄이고 바가지를 쓰지 않는 일이다. 그러자면 철저한 사전 준비를 하는 것이 우선이다.

해당 지역의 시장 정보를 잘 조사해 보고 어느 지역의 물품이 질 좋고 저렴한지 등에 대해 알고 있어야 한다.

또 낭비를 줄이기 위해서는 충동 구매를 자제하려는 슬기도 필요하다. 구입할 목록을 미리 메모해서 쇼핑에 나서는 것도 한 방법이다. 메모할 때는 반드시 그 지역의 특산물이 무엇인지를 염두에 두고 한다. 다른 지역에서도 구입할 수 있는 물건을 구입할 때는 왜 굳이 여기서 물건을 구입해야 하는 것인지 자문해 보도록 한다.

그 물건이 최선의 제품이 아니라면 짐만 늘리기 십상일 터이므로 신중히 결정하는 것이 요령이다.

✚ 면세점 쇼핑

해외 여행 중엔 특별한 경우가 아니라면 면세점에서 쇼핑하는 것이 여러모로 이익이다. 세금을 면제해 주므로 시중보다 가격도 싸고 품질도 보장받을 수 있다.

특히 술이나 담배, 향수 등을 구입할 때는 공항 면세점을 이용하는 것이 경제적이다. 공항 면세점을 이용할 때는 탑승권이 있어야만 가능하며 시중의 면세점을 이용할 때는 여권만 제시해도 된다. 시중의 면세점에서 구입한 물품은 공항으로 배송도 해주므로 탑승게이트에서 받으면 된다.

✚ 부가세 환불

대부분의 국가에서는 외국 여행객들에게 10내지 20퍼센트의 부가세를 면해 주는 면세 쇼핑 제도를 운영하고 있다. 그러므로 물건을 구입하기 전에 부가세 환급이 가능한지의 여부를 점원에게 물어보는 것이 좋다.

용이한 부가세 환불을 위해서는 한 가게에서 물건을 구입하는 것도 요령이다. 물건 구입 후 점원에게 면세 쇼핑 전표를 받아두었다가 출국시 세관에 제출하면 된다. 부가세 환불 이외에도 물건을 잘못 구입하였거나 하자가 있는 물품의 경우 환불을 받을 수 있는 환불보상제도가 있으므로 이를 적극 활용할 필요가 있다.

특히 미국 같은 경우는 물건 구입 후 30일 이내에는 물품 영수증만 있으면 환불해 주도록 법으로 보장하고 있으므로 영수증을 꼭 챙기도록 한다.

➕ 벼룩시장 쇼핑

시장이나 벼룩시장을 이용하는 것도 훌륭한 쇼핑법이다.
우리나라도 그렇지만 이런 시장의 경우 서민들의 체취를 느낄 수 있어 쇼핑도 하고 그곳의 문화도 체험할 수 있는 일석이조의 효과를 볼 수 있다.
 특히 주말이나 휴일에 공원 같은 곳에서 개장하는 벼룩시장을 이용하면 의외의 상품을 발견하는 재미와 더불어 여행의 즐거움을 만끽할 수도 있다.
벼룩시장 정보는 여행안내소를 통하거나 지역신문의 공고란을 통해 알 수 있으며 주말의 경우 길거리에 전단이 나붙어 있기도 하므로 이를 참고하면 된다.

여행 영어 쇼핑

- 상점을 찾을 때
- 물건을 고를 때
- 흥정하고 계산할 때
- 교환하거나 반품할 때
- 면세점을 이용할 때
- 포장할 때

- 쇼핑 관련 용어
- 교통수단을 이용할 때

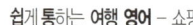
01 상점을 찾을 때

* 이 거리에 쇼핑 센터가 어디에 있죠?
  Where is the shopping center in this town?
  웨어리즈 더 샤핑 쎈터 인 디스 타운?

* 할인점은 어디에 있습니까?
  Where is the discount shop?
  웨어리즈 더 디스카운트 샵?

* 몇 시에 문을 열죠?
  What time do you open?
  왓 타임 두유 오픈?

* 핸드백은 어디에서 살 수 있나요?
  Where can I buy a handbag?
  웨어 캔아이 바이 어 핸드백?

* 장난감 가게는 몇 층에 있죠?
  Which floor is toyshop?
  위치 플로어 이즈 토이샵?

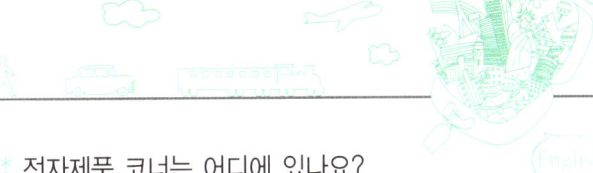

※ 전자제품 코너는 어디에 있나요?
Where is the electric appliances corner?
웨어리즈 더 일렉트릭 어플라이언씨즈 코너?

※ 그냥 구경하는 중입니다.
I'm just looking around.
아임 저슷 루킹 어라운드

※ 승강기가 어디에 있죠?
Where is elevator?
웨어리즈 엘러베어러?

※ 이 백화점에 책방이 있습니까?
Is there a bookstore in this department store?
이즈 데어러 북스토어 인 디스 디팟먼스토어?

I'm just looking around.

쉽게 통하는 **여행 영어** – 쇼핑
02 물건을 고를 때

* 무엇을 찾고 계십니까?
  What are you looking for?
  워류 루킹 포?

* 시계를 찾고 있습니다.
  I'm looking for a watch.
  아임 루킹 포러 왓치

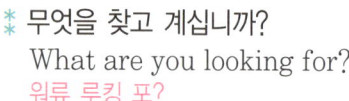

* 면도기 좀 봅시다.
  Show me the razor, please.
  쇼우 미 더 레이저, 플리즈

* 저것 좀 보여주시겠어요?
  May I see that one, please?
  메아이 씨 댓 원, 플리즈?

* 이것과 같은 물건이 있을까요?
  Do you have the same kind?
  두 유 햅 더 쎄임 카인드?

* 좀 도와주시겠어요?
  Can you help me?
  캔유 헬프 미?

* 좀 봐도 될까요?
  May I see it?
  메아이 씨 잇?

* 특별히 찾고 계신 물건이 있나요?
  Is there anything special that you're looking for?
  이즈 데어 애니씽 스페셜 댓 유어 루킹 포?

* 좀 색다른 걸 찾고 있어요.
  I'm looking for a something different.
  아임 루킹 포러 썸씽 디퍼런트

* 이것은 어때요?
  How do you like this one?
  하우 두 유 라익 디스 원?

> I'm looking for a something different.

쉽게 통하는 여행 영어 - 쇼핑
02 물건을 고를 때

* 그건 뭐죠?
  What is that for?
  와리즈 댓 포?

* 이건 너무 화려하군요.
  This is too flashy.
  디씨즈 투 플래쉬

* 이건 여성용인가요?
  Is this for women?
  이즈 디스 포 워먼?

* 최신 상품입니까?
  Is this the latest thing?
  이즈 디스 더 레이티숫 씽?

* 너무 비싼데요.
  It's too expensive.
  잇츠 투 익스펜씨브

* 입어봐도 될까요?
  Could I try it on?
  쿠다이 트라이 이론?

* 손님에게 어울리겠는데요.
  I think it'll look good on you.
  아이 씽크 이를 룩 굿 온 유

* 제가 원하는 게 아닙니다.
  That's not what I want.
  댓츠 낫 워라이 원트

* 색상이 별로군요.
  I don't like this color.
  아이돈 라익 디스 컬러

* 다른 스타일로 보여주세요.
  Please show me another style.
  플리즈 쇼우 미 어나더 스타일

* 다른 색상으로 보여주세요.
  Please show me another color.
  플리즈 쇼우 미 어나더 컬러

* 좀더 큰 것은 없나요?
  Don't you have anything larger than this?
  돈츄 햅 애니씽 라저 댄 디스?

✱ 이 제품의 소재는 무엇이죠?
What's this made of?
왓츠 디스 메이덥?

✱ 어느 나라 제품입니까?
Where was this made?
웨어 워즈 디스 메이드?

✱ 이것은 세일 품목인가요?
Is this on sale?
이즈 디스 언 쎄일?

✱ 좀더 싼 것을 보여주십시오.
Please show me a cheaper one.
플리즈 쇼우 미 어 취퍼 원

✱ 좋습니다. 이것으로 하죠.
That's fine. I'll take this.
댓츠 파인, 아일 테익 디스

쉽게 통하는 **여행 영어** - 쇼핑
03 흥정하고 계산할 때

---

* 다 해서 얼마죠?
  How much is it altogether?
  하우 머취 이짓 올투게더?

* 예상보다 비싸군요.
  That's more than I wanted to spend.
  댓츠 모어 댄 아이 원팃 투 스펜드

* 좀 싸게 안될까요?
  Can you give a discount?
  캔유 기버 디스카운트?

* 조금만 깎아주세요.
  Discount a little, please.
  디스카운트 어 리를 플리즈

* 30달러밖에 없어요.
  I have only 30 dollars.
  아이 햅 온리 써리 달러즈

* 세금이 포함된 가격인가요?
  Does the price include tax?
  더즈 더 프라이스 인클루드 택스?

✳ 할부로 살 수 있나요?
Can I pay in installments?
캔아이 페이 인 인스톨먼츠?

✳ 신용카드로 지불해도 되나요?
May I use a credit card?
메아이 유즈 어 크레딧 카드?

✳ 계산이 잘못되지 않았습니까?
Isn't this bill wrong?
이즌 디스 빌 롱?

✳ 영수증을 주십시오.
Please give me a receipt.
플리즈 깁미 어 리씻

쉽게 통하는 여행 영어 - 쇼핑

04 교환하거나 반품할 때

* 이걸 다른 것으로 교환할 수 있을까요?
  Can I change this?
  캔아이 췌인지 디스?

* 무슨 문제가 있나요?
  What's the matter with it?
  왓츠 더 매러 위딧?

* 긁힌 자국이 있어요.
  There's a scratch here.
  데어즈 어 스크래치 히어

* 전혀 작동되지 않아요.
  It doesn't work at all.
  잇 더즌 웍 애롤

* 얼룩이 있어요.
  there's a stain here.
  데어즈 어 스테인 히어

* 반품해 주세요.
  I'd like to return this.
  아이드 라익 투 리턴 디스

Can I change this?

※ 다른 사이즈로 바꿔주시겠어요?
Can I change the size?
캔아이 췌인지 더 싸이즈?

※ 환불할 수 있나요?
Can I get a refund?
캔아이 게러 리펀드?

※ 영수증을 갖고 계십니까?
Do you have a receipt with you?
두 유 해버 리씻 위듀?

※ 영수증 여기 있어요.
Here is the receipt.
히어즈 더 리씻

05 면세점을 이용할 때

* 가까운 면세점이 어디에 있습니까?
  Where's the near duty free shop?
  웨어즈 더 니어 듀리 프리 샵?

* 이 근처에 면세점이 있습니까?
  Is there a duty free shop near here?
  이즈 데어러 듀리 프리 샵 니어 히어?

* 여기서 면세로 살 수 있습니까?
  Can I buy things duty free here?
  캔아이 바이 씽스 듀리 프리 히어?

* 이것은 면세인가요?
  Is this tax free?
  이즈 디스 택스 프리?

* 어떤 상표를 원하시죠?
  Which brand do you want?
  위치 브랜드 두 유 원?

* 와인을 사고 싶습니다.
  I'd like to buy some wine.
  아이드 라익 투 바이 썸 와인

> I'd like to buy some wine.

* 이것은 프랑스 산입니까?
  Is this made in France?
  이즈 디스 메이드 인 프랜스?

* 세금은 얼마죠?
  How much is for tax?
  하우 머취 이즈 포 택스?

* 세일은 언제까지 하나요?
  When does the sale end?
  웬 더즈 더 쎄일 엔드?

When does the sale end?

06 포장할 때

쉽게 통하는 여행 영어 - 쇼핑

* 선물용으로 포장해 줄 수 있나요?
  Can I get this gift-wrapped?
  캔아이 겟 디스 깁트 랩?

* 네, 하지만 추가요금을 주셔야 합니다.
  Yes, but it will cost extra.
  예스, 벗 잇 윌 코스트 엑스트라

* 같이 포장해 주세요.
  Please wrap together.
  플리즈 랩 투게더

Yes, but it will cost extra.

* 이것들을 따로따로 포장해 주세요.
  Please wrap them separately.
  플리즈 랩 뎀 쎄퍼러틀리

* 종이 백에 넣어 주시겠어요?
  Could you put it in a paper bag, please?
  쿠쥬 푸릿 이너 페이퍼 백, 플리즈?

* 더 큰 백이 있나요?
  Do you have any bags a little bit bigger?
  두 유 햅 애니 백스 어 리틀 빗 비거?

06 포장할 때

* 여기에 주소를 써주세요.
  Please write your address here.
  플리즈 라잇 유어 어드레스 히어

* 배달해 줄 수 있나요?
  Can I have this delivered?
  캔아이 햅 디스 딜리버드?

* 제 호텔로 배달해 주세요.
  Deliver it to my hotel, please.
  딜리버릿 투 마이 호텔 플리즈

쇼핑 포장할 때

● 쇼핑 관련 용어
- 백화점(디파트먼트 스토어) department store
- 기념품점(수버니어 샵) souvenir shop
- 선물용품점(깁트 샵) gift shop
- 바겐세일(바긴 쎄일) bargain sale
- 면세(듀리 프리) duty free
- 할인(디스카운트) discount
- 사용설명서(인스트럭션 쉬트) instruction sheet
- 가격표(프라이스 택) price tag
- 점원(클럭) clerk
- 여행자수표(트래블러즈 첵) traveler's check
- 포장하다(랩) wrap
- 반품하다(게러 리펀드) get a refund
- 교환하다(익스췌인지) exchange

제10장
교통수단을 이용할 때

✚ 버스 이용

여행의 효율성이라는 측면에서만 보면 버스만큼 유용한 교통수단도 드물다. 아주 오지가 아닌 한 버스는 세계 어디를 가도 있다. 특히 장거리를 운행하는 버스는 기차에 비해 운임도 훨씬 저렴할 뿐만 아니라 운행 시간도 다양해 선택의 폭이 그만큼 넓다.

유럽을 여행하는 사람이라면 유로라인버스(Euro-line Bus)를 이용하는 것이 좋다.

유럽 35개국의 버스회사들이 연합해 운영하므로 이동 거리와 가격면에서 최대의 장점을 갖고 있다. 철도 여행인 유레일패스에 비해서도 가격이 절반 정도 싸다. 게다가 유레일패스로는 갈 수 없는 영국의 에딘버러나 불가리아의 소피아, 루마니아의 부크레슈티까지 제약 없이 갈 수 있는 장점이 있다.

구간 별로 이동할 수 있는 티킷도 판매하므로 장기 여행자가 아니라도 유용하게 이용할 수 있다. 출발하기 48시간 전에 예약해야 한다. 미국을 여행하는 사람이라면 그레이하운드사가 제휴·운영하는 북미대륙 패스를 눈여겨볼 필요가 있다.

북미 대륙 3,700곳, 17,000마일의 지역을 커버하는 장거리 버스노선인데다 그레이하운드사가 제휴한 회사들의 버스를 유효기간 내에 모두 이용할 수 있으므로 편리하다. 일부 노선에서는 열차와 연계해 운행하고 있기도 하다. 이 노선을 이용하려면 출발하기 한 시간 전에 도착해서 짐과 승차권 수속을 마쳐야 한다. 그레이하운드 한국지사를 통해서도 미리 예약할 수 있다.
www.greyhound.co.kr

✚ 지하철 이용

시내 관광에 유용한 교통수단으로는 단연 지하철을 꼽을 수 있다. 지하철은 노선도만 있으면 교통체증 없이 쉽게 이용할 수 있기 때문에 최적의 교통수단이다. 미국에는 서브웨이(Subway), 영국에는 언더그라운드(Underground), 프랑스에는 메트로(Metro), 독일에는 반(Bahn), 호주에는 레일웨이(Railway) 등이 있다. 이중 프랑스의 메트로가 가장 경제적이다. 일명 카르네(carnet)라 불리는 10장짜리 회수권만 있으면 어디든 갈 수 있다.

런던의 지하철은 에스컬레이터가 플랫폼까지 연결되어 있어 인상적이다. 승차표는 자동판매기를 이용하는데다 거스름돈이 나오지 않으므로 잔돈을 항상 넉넉히 준비해 둬야 한다.

뉴욕의 지하철은 유럽과 다소 달라서 동전과 비슷한 토큰을 사서 투입구에 넣어야 개찰구를 통과할 수 있다. 24시간 운행하고 있지만, 안전을 위해 너무 늦은 밤시간에는 이용을 자제하는 것이 현명하다.

✚ 택시 이용

시간은 급한데 길을 모를 때는 역시 택시를 이용하는 것이 제격이다. 택시는 곳곳에 있는 택시 정류장을 이용하거나 콜택시를 불러 이용하면 된다.

요금은 지역마다 다르지만 거리제와 구역제를 시행하고 있는 것이 보통이다.

팁은 요금의 10내지 15퍼센트 정도를 주면 되지만 일부 동남아시아 국가의 경우에는 미리 요금을 정하고 타야 나중에 시비를 겪지 않는다.

미국에서는 택시를 옐로 캡(Yellow Cab) 또는 캡(Cab)이라고 부르며 영국에서는 블랙 캡(Black Cab) 또는 미니 캡(Mini Cab)이라고 부른다.

➕ 기차 이용

가장 안전한 장거리 여행수단으로는 역시 기차를 들 수 있다. 안전성뿐만 아니라 외국 여행객들을 위한 다양한 할인 시스템을 갖추고 있어 경제성 또한 크다.

● 유레일패스(Eurailpass)

유럽 17개국(프랑스, 독일, 스위스, 오스트리아, 네덜란드, 벨기에, 룩셈부르크, 덴마크, 스웨덴, 노르웨이, 포르투갈, 스페인, 핀란드, 아일랜드, 헝가리, 그리스, 이탈리아)의 국철을 제한 없이 이용할 수 있는 편리한 철도이다. 어디서 얼마를 가든지 구애받을 필요가 없으며 한번 구입하면 유효기간 내에 마음대로 쓸 수 있다.

버스나 선박과 연계된 노선을 무료나 할인 요금으로 이용할 수 있다는 장점도 있다. 하지만 지정된 좌석을 이용하거나 침대차, 간이차 같은 시설을 이용할 경우에는 별도의 수수료나 요금을 내야 한다. 현지에서 구입할 수 없으므로 출발 전 국내에서 구입해야 한다.

유레일패스는 여행자의 상황에 따라 다양하게 선택할 수 있다는 장점도 있는데 종류를 보면 유레일플렉시패스, 유스패스, 세이버패스 등이 있다.

플렉시패스는 개시일로부터 2개월 간 지정된 날짜만큼 선택적으로 사용할 수 있는 패스이고 유스패스는 첫 탑승일을 기준으로 만 26세 미만의 여행자를 위한 패스이다.
이 패스는 젊은이들에게 다양한 여행 경험을 쌓게 해주자는 정책의 일환으로 마련된 여행 상품이다. 그 외에 세이버패스는 두 명에서 다섯 명까지의 승객이 동일한 일정으로 여행한다는 조건하에 제공되는 저렴한 패스이다.

● 유로스타(Euro-star)
세계 최장거리인 도버해협 해저 터널을 관통하는 고속열차로 영국, 프랑스, 벨기에 세 나라에 의해 운영되고 있다. 런던과 파리 구간은 3시간에, 런던과 브뤼셀 구간은 3시간 15분만에 주파함으로써 3개국 수도의 중심지를 최단시간에 연결하고 있다.
운행하는 열차는 프랑스의 테제베(TGV)로 최대시속 300km까지 달린다.

● 암트랙(Amtrak)
미국 내 민간 철도회사들 간의 통합시스템으로 운영되는 장거리 철도운송 서비스는 그 자체만으로도 관광상품으로 불릴 정도로 매력적이다.

미국 전지역을 이용할 수 있는 내셔널 레일 패스를 위시해 서부 레일 패스(West Rail Pass), 동부 레일 패스(East Rail Pass), 북동부 레일 패스(Northeast Rail Pass)가 있다.

서부 레일 패스는 시카고, 올리온즈, 그랜드캐년, 사우스 캐롤라이나, 밀워키, 휴스턴 등을, 동부 레일 패스는 디트로이트, 클리블랜드, 피츠버그, 맴피스, 애틀랜타, 시카고 등을, 북동부 레일 패스는 보스톤, 뉴욕, 필라델피아, 워싱턴, 버팔로, 나이아가라 등을 운행한다.

유로레일처럼 유효기간 내에 제한 없이 이용할 수 있다. 국내의 각 여행사나 암트랙 한국총판 대리점을 이용하면 간편하다.

✚ 선박

낭만적인 여행을 원하는 여행객이라면 선박 여행을 빼놓을 수 없을 것이다. 대표적인 노선은 영국과 유럽 대륙을 잇는 노선이며 스칸디나비아 노선과 지중해 노선도 유명하다.

페리 여행은 취급 여행사 또는 해당 부두에서 직접 예약이 가능하나 24시간 전에 해야 한다.

유럽의 페리는 유레일패스 소지자에게 무료 또는 할인 혜택을 해준다. 페리에는 갖가지 편의시설이 구비돼 있어 불편함이 없지만 배멀미만은 특히 주의해야 한다.

심한 사람은 출항 전에 미리 배멀미약을 복용해 안전 여행에 만전을 기할 필요가 있다.또는 할인 혜택을 해준다. 페리에는 갖가지 편의시설이 구비돼 있어 불편함이 없지만 배멀미만은 특히 주의해야 한다.

심한 사람은 출항 전에 미리 배멀미약을 복용해 안전 여행에 만전을 기할 필요가 있다.

여행 영어 교통

- 길을 물어볼 때
- 버스를 이용할 때
- 지하철을 이용할 때
- 택시를 이용할 때
- 기차를 이용할 때
- 렌터카를 이용할 때
- 선박을 이용할 때
- 주유소를 이용할 때

- 교통 관련 용어
- 통신할 때

쉽게 통하는 **여행 영어** – 교통

01 길을 물어볼 때

* 실례지만, 물어볼 게 좀 있어요.
  Excuse me, I have a question.
  익스큐즈 미 아이 해버 퀘스천

* 여기가 어디죠?
  Where are we now?
  웨어라 위 나우?

* 실례지만, 제가 길을 잃었습니다.
  Excuse me. I got lost on my way.
  익스큐즈 미 아이 갓 로스트 언 마이 웨이

* 길 좀 가르쳐 주시겠어요?
  Can I get some directions?
  캔아이 겟 썸 디렉션스?

* 동쪽이 어느 쪽인가요?
  Which way is east?
  위치 웨이 이즈 이스트?

* 한국대사관이 있는 곳을 아십니까?
  Do you know where Korean Embassy is?
  두 유 노우 웨어 코리언 엠버씨 이즈?

* 여기서 가깝습니까?
  Is it near here?
  이짓 니어 히어?

* 얼마나 걸리죠?
  How long does it take?
  하우 롱 더짓 테익?

* 걸어갈 수 있는 정도입니까?
  Can I walk there?
  캔아이 워크 데어?

* 똑바로 가십시오.
  Go straight.
  고우 스트레잇

* 저기서 왼쪽으로 도십시오.
  Turn left there.
  턴 레프트 데어

* 지금 있는 곳이 이 지도에서 어디쯤이죠?
  Where am I in this map?
  웨어 엠 아이 인 디스 맵?

※ 지하철역으로 가는 길을 가르쳐주시겠습니까?
Would you show me the way to the subway station?
우쥬 쇼미 더 웨이 투 더 썹웨이 스테이션?

※ 여기가 무슨 거리인가요?
What street is this?
왓 스트릿 이즈 디스?

※ 가장 가까운 화장실이 어디 있죠?
Where is the nearest restroom around here?
웨어리즈 더 니어리스트 레스트룸 어라운 히어?

※ 하얏트 호텔은 여기서 멉니까?
Is the Hyatt Hotel far from here?
이즈 더 하얏트 호텔 파 프롬 히어?

※ 버스로 갈 수 있습니까?
Can I go there by bus?
캔아이 고 데어 바이 버스?

쉽게 통하는 여행 영어 – 교통
02 버스를 이용할 때

* 여기서 가까운 버스 정류장이 어디죠?
  Where is the nearest bus stop?
  웨어리즈 더 니어리스트 버스 스탑?

* 뉴욕 행 버스터미널은 어디에 있습니까?
  Where is the bus terminal for New York?
  웨어리즈 더 버스터미널 포 뉴욕?

* 몇 번 버스를 타야 하죠?
  What number bus should I take?
  왓 넘버 버스 슈다이 테익?

* 버스표는 어디서 사죠?
  Where can I get a ticket?
  웨어 캔아이 게러 티킷?

* 매표소는 어디에 있나요?
  Where is the ticket office?
  웨어리즈 더 티킷 오피스?

* 버스 안에서 표를 살 수 있나요?
  Can I buy a ticket in the bus?
  캔아이 바이 어 티킷 인 더 버스?

Where can I get a ticket?

쉽게 통하는 **여행 영어** – 교통

02 버스를 이용할 때

* 버스는 얼마나 자주 있죠?
  How often do the buses run?
  하우 오픈 두 더 버시즈 런?

* 뉴욕 행 표 두 장 주세요.
  Two tickets to New York, please.
  투 티킷츠 투 뉴욕, 플리즈

* 뉴욕 행 버스는 언제 출발하나요?
  What time will the bus for New York leave?
  왓 타임 윌 더 버스 포 뉴욕 리브?

* 이 버스는 뉴욕 행입니까?
  Is this for New York?
  이즈 디스 포 뉴욕?

* 얼마나 걸리죠?
  How long does it take?
  하우 롱 더짓 테익?

* 요금은 얼마인가요?
  How much is the fare?
  하우 머취 이즈 더 페어?

Two tickets to New York, please.

* 막차는 몇 시에 있죠?
  What time the last bus?
  왓 타임 더 라스트 버스?

* 여기서 몇 정거장이나 됩니까?
  How many stops before I get off?
  하우 매니 스탑스 비포 아이 게럽?

* 어디서 내려야 하죠?
  Where should I get off?
  웨어 슈라이 게럽?

* 여기가 제가 내려야 할 곳입니까?
  Is this where I get off?
  이즈 디스 웨어라이 게럽?

* 여기서 내리겠습니다.
  I'll get off here.
  아일 게럽 히어

* 다음 정류장에서 내리겠습니다.
  I get off at the next stop.
  아이 게럽 앳 더 넥스트 스탑

쉽게 통하는 **여행 영어** – 교통

03 지하철을 이용할 때

* 근처에 지하철역이 있습니까?
  Is there a subway station around here?
  이즈 데어러 썹웨이 스테이션 어라운 히어?

* 지하철역이 어디에 있죠?
  Where is subway station?
  웨어리즈 썹웨이 스테이션?

* 지하철 노선도 좀 주실까요?
  May I have a subway map?
  메아이 해버 썹웨이 맵?

* 지하철로 그곳에 갈 수 있나요?
  Can I take the subway there?
  캔아이 테익 더 썹웨이 데어?

* 시청역으로 가려면 몇 호선을 타야 하죠?
  Which line should I take to go to City Hall?
  위치 라인 슈라이 테익 투 고 투 씨리 홀?

* 2호선을 타십시오. 초록색 라인입니다.
  Take No.2 line. The green line.
  테익 넘버 투 라인. 더 그린 라인

* 어디서 갈아타야 하나요?
  Where should I change?
  웨어 슈라이 췌인지?

* 표는 어디에서 삽니까?
  Where can I buy a ticket?
  웨어 캔아이 바이 어 티킷?

* 표 한 장 주십시오.
  One ticket, please.
  원 티킷, 플리즈

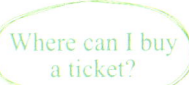

쉽게 통하는 **여행 영어** – 교통

04 택시를 이용할 때

✱ 택시 승차장은 어디입니까?
Where is the taxi stand?
웨어리즈 더 택시 스탠드?

✱ 택시를 불러주시겠어요?
Could you call a taxi for me?
쿠쥬 콜 어 택시 포 미?

✱ 어디까지 가시죠?
Where to?
웨어 투?

✱ 이 주소지로 가주세요.
To this address, please.
투 디스 어드레스, 플리즈

✱ 하얏트 호텔로 가주세요.
To the Hyatt hotel, please.
투 더 하얏트 호텔, 플리즈

✱ 빨리 좀 가주시겠어요? 늦었는데.
Can you hurry? I'm late.
캔유 허리? 아임 레잇

* 좀 천천히 가주세요.
  Please slow down.
  플리즈 슬로우 다운

* 여기 세워주세요.
  Stop here, please.
  스탑 히어 플리즈

* 요금이 얼마죠?
  What's the fare?
  왓츠 더 페어?

* 잔돈은 됐어요.
  Keep the change.
  킵 더 췌인지

쉽게 통하는 여행 영어 – 교통
05 기차를 이용할 때

* 열차 시각표 좀 주실 수 있을까요?
  Can I have a timetable?
  캔아이 해버 타임테이블?

* 뉴욕행 기차가 있습니까?
  Is there a train for New York?
  이즈 데어러 트레인 포 뉴욕?

* 뉴욕행 막차는 몇 시에 있습니까?
  What time is the last train for New York?
  왓 타임 이즈 더 라스트 트레인 포 뉴욕?

* 이 기차가 뉴욕까지 직행합니까?
  Does this train go direct to New York?
  더즈 디스 트레인 고 다이렉 투 뉴욕?

* 뉴욕행 표를 주십시오.
  I'd like a ticket to New York.
  아이드 라이커 티킷 투 뉴욕

* 급행으로 부탁합니다.
  Tickets on express, please.
  티킷츠 온 익스프레스, 플리즈

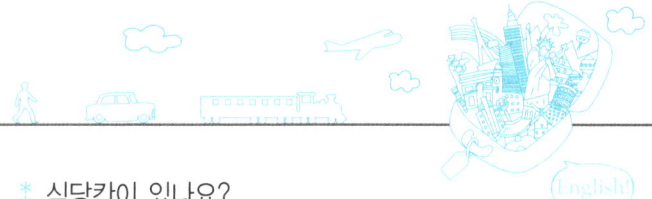

* 식당칸이 있나요?

   Is there a dining car?
   이즈 데어러 다이닝 카?

* 침대칸이 있나요?

   Is there a sleeper?
   이즈 데어러 슬리퍼?

* 이 기차를 타면 됩니까?

   Is this my train?
   이즈 디스 마이 트레인?

쉽게 통하는 **여행 영어** – 교통

06 렌터카를 이용할 때

✱ 차를 빌렸으면 합니다.
I'd like to rent a car.
아이드 라익 투 렌터 카

✱ 어디서 차를 빌리죠?
Where can I rent a car?
웨어 캔아이 렌터 카?

✱ 어떤 차들이 있습니까?
What kind of cars do you have?
왓 카인더 카즈 두유 햅?

✱ 스포츠카를 부탁합니다.
I'm looking for a sports car.
아임 루킹 포러 스포츠카

✱ 차 좀 볼 수 있을까요?
Can you show me a car?
캔유 쇼 미어 카?

✱ 이 차를 일주일간 빌렸으면 합니다.
I'd like to rent this car for a week.
아이드 라익 투 렌트 디스 카 포러 윅

* 대여료가 하루에 얼마인가요?
What's the charge per day?
왓츠 더 챠지 퍼 데이?

* 보증금은 얼마죠?
How much is the deposit?
하우 머치 이즈 더 디파짓?

* 차를 반납했으면 합니다.
I'd like to return a car.
아이드 라익 투 리턴 어 카

I'd like to rent this car for a week.

쉽게 통하는 여행 영어 – 교통
07 선박을 이용할 때

* 배편으로 갔으면 합니다.
  I want to go by ship.
  아이 워나 고 바이 쉽

* 뉴욕 행 배편은 어디에서 탑니까?
  Where can I board the ship to New York?
  웨어 캔아이 보드 더 쉽 투 뉴욕?

* 언제 출항하죠?
  When does it sail?
  웬 더짓 쎄일?

* 매시간 출항합니다.
  Once an hour.
  원스 언 아워

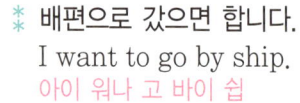

* 승선 시간은 몇 시인가요?
  What time do we board?
  왓 타임 두 위 보드?

* 운임은 얼마죠?
  What's the fare?
  왓츠 더 페어?

* 얼마나 걸리나요?
  How long will it take?
  하우 롱 윌잇 테익?

* 좌석을 예약해야 합니까?
  Do I have to reserve a seat on the ship?
  두 아이 햅 투 리저브 어 씨잇 온더 쉽?

* 갑판 좌석을 예약했으면 합니다.
  I'd like to reserve a deck chair.
  아이드 라익 투 리저브 어 덱 췌어

How long will it take?

08 주유소를 이용할 때

* 주유소가 어디에 있죠?
  Where is the gas station?
  웨어리즈 더 개스 스테이션?

* 가스가 떨어졌습니다.
  I'm all out of gas.
  아임 올 아우러 개스

* 30리터 넣어 주십시오.
  30 liters, please.
  써리 리터즈, 플리즈

* 가득 채워 주십시오.
  Fill it up, please.
  필이럽, 플리즈

* 보통으로 20달러어치 넣어 주십시오.
  20 dollars regular, please.
  퉤니 달러즈 레귤러, 플리즈

* 이곳은 셀프입니까?
  Is this pump self-service?
  이즈 디스 펌프 셀프 써비스?

* 오일 좀 점검해 주세요.
Check the oil, please.
첵 디 오일, 플리즈

* 배터리 좀 충전해 주세요.
Please charge the battery.
플리즈 챠지 더 배러리

Please charge the battery.

● 교통 관련 용어

- 시내버스(씨리 버스) city bus
- 버스 정류장(버스 스탑) bus stop
- 버스 터미널(버스 터미널) bus terminal
- 2층 버스(더블 데커) double decker
- 관광버스(싸잇씨잉 버스) sightseeing bus
- 직행버스(넌스탑 버스 /디렉트 버스)
  non stop bus / direct bus
- 역(스테이션) station
- 열차(트레인) train
- 열차 시간표(트레인 스케쥴) train schedule
- 보통열차(로컬 트레인) local train
- 급행열차(익스프레스 트레인) express train
- 야간열차(나잇 트레인) night train
- 침대차(슬립퍼/슬리핑 카) sleeper / sleeping car
- 1등석(퍼스트 클래스) first class
- 2등석(쎄컨 클래스) second class
- 지하철역(썹웨이 스테이션) subway station
- 매표구(티킷 윈도우) ticket window
- 갈아타는 곳(트랜스퍼 게이트) transfer gate

- 택시 승차장(택시 스탠드/택시 존) taxi stand/taxi zone
- 택시 기사(택시 드라이버) taxi driver
- 택시 요금(택시 페어) taxi fare
- 기본 요금(미니멈 페어) minimum fare
- 할증 요금(엑스트라 페어) extra fare
- 미터계(페어 미터) fare meter
- 여객선(패씬저 쉽) passenger ship
- 부두(피어) pier
- 항구(포트/하버) port/harbor
- 기항지(포트 어 콜) port of call
- 승선권(패신저 티킷) passenger ticket
- 선실(캐빈) cabin
- 구명보트(라이프 보우트) life boat
- 구명동의(라이프 재킷) life jacket

● 거리에 흔한 경고 용어
- 위험(데인저) danger
- 경고(워닝) warning
- 주의(노티스) notice
- 고장(아우러 오더) out of order

- 접근 금지(킵 아웃 / 오프 리미츠) keep out / off limits
- 계단 이용(유즈 스테웨이즈) use stairways
- 미시오(푸쉬) push
- 당기시오(푸울) pull
- 통행 금지(노 트레스패씽) no trespassing
- 영업중(오우픈) open
- 폐점(클로우즈드) closed
- 신사용(멘/젠틀먼) men/gentlemen
- 숙녀용(위민/레이디즈) women / ladies

제11장
통신할 때

✚ 국제전화 이용

해외여행을 하다 보면 국제전화를 이용하기 마련이다. 그럴 때 가장 먼저 고려해야 하는 것이 시간이다.

거는 쪽보다는 받는 쪽의 시간대를 감안해 너무 늦게 하거나 너무 일찍 하지 않도록 배려하는 것이 좋다. 교환원을 통하지 않고 국제전화를 직접 걸 때는 국제전화 식별번호-국가번호-지역번호-전화번호 순으로 누르면 통화가 이루어진다.

이때를 위해 출국 전에 국제전화 선불카드를 구입하는 것이 경제적이다. 통화료가 저렴할 뿐 아니라 일반전화나 공중전화를 모두 이용할 수 있기 때문에 편리하다. 호텔에서 걸 때는 0번이나 9번을 누른 후 걸면 되는데 한국어 안내방송을 들을 수 있다는 것도 장점이다. 교환원을 통해 전화를 걸 때는 교환원에게 통화 종류와 전화번호를 정확하게 알려주면 된다. 이때를 위해 상대방의 이름과 도시명, 전화번호 등을 미리 메모해 두는 것이 좋다. 교환원을 통한 국제전화로는 스테이션 콜(Station call), 퍼스널 콜(Personal call), 콜렉트 콜(Collect call) 등이 있다.

스테이션 콜은 상대의 전화번호만을 신청하면 되므로 요금이 싼 편이고, 퍼스널 콜은 통화할 상대를 지정해서 신청하는 전화인만큼 요금이 다소 비싸다. 콜렉트 콜은 수신자 부담 서비스 방식으로 이루어지는 전화인데 이때를 감안해 국내 통신사의 콜렉트 콜 직통번호를 미리 준비해 가는 것이 좋다.
그 밖에도 휴대폰 로밍서비스라는 게 있다.
말 그대로 자신의 휴대폰을 다른 나라에서도 그대로 쓸 수 있게 해주는 서비스로 출국 전에 공항에서 신청하면 된다.
현재 우리나라와 로밍서비스를 공유하고 있는 국가는 일본과 미국, 중국, 괌, 사이판, 호주, 뉴질랜드, 캐나다, 홍콩, 태국, 대만 등 통신방식이 같은 국가들에 한정하고 있으므로 통신사에 문의해 알아보면 된다.

✚ 우체국 이용

해외에서 국내에 편지나 엽서를 보낼 때 가장 손쉬운 방식은 호텔에 비치돼 있는 편지지와 봉투를 이용하는 것이다.
편지를 써서 호텔 프론트에 맡기고 나중에 정산만 해주면 되므로 편리하다. 하지만 등기나 속달, 소포처럼 특수한 우편물은 우체국을 이용해야 한다. 우표만은 우체국이 아니라도 자동판매기나 호텔 프론트 등지에서 쉽게 구입할 수 있다.

해외에 우편물을 보내본 사람이라면 문제가 없겠지만 그렇지 않은 사람들은 편지봉투 쓰는 법을 미리 숙지하고 가는 것이 좋다. 한국으로 편지를 부칠 경우 받는 사람의 주소와 이름은 한국어로 써도 된다. 하지만 국가명만은 반드시 영어로 우측 하단에 'SOUTH KOREA'라고 써야 한다. 좌측 하단엔 'Air Mail' (항공우편)이나 'Sea Mail' (선편) 같은 배달 방식을 표기하고 우측 상단은 우표를 붙여야 하므로 비워둔다.

짐은 우체국을 통해 소포로 부치는 것이 비교적 경제적이다. DHL 등의 국제택배는 신속하다는 것이 장점이지만 비용이 비싼 편이다. 참고로 우체통의 모양이나 색상은 국가마다 다른데 우리나라는 빨간색이지만 미국은 청색, 독일이나 프랑스, 스웨덴 등은 노란색이다.

여행 **영어** 통신

- 전화할 때
- 국제전화할 때
- 우체국을 이용할 때

- 전화 관련 용어
- 귀국할 때

쉽게 통하는 **여행 영어** – 통신
01 전화할 때

* 전화카드를 어디에서 살 수 있나요?
  Where can I get a calling card?
  웨어 캔아이 게러 콜링 카드?

* 공중전화는 어디에 있죠?
  Where is the pay phone?
  웨어리즈 더 페이 폰?

* 이 전화로 시외전화를 할 수 있습니까?
  Can I make a long distance call
  from this phone?
  캔아이 메이커 롱 디스턴스 콜 프럼 디스 폰?

* 박물관과 통화하려면 몇 번으로 해야합니까?
  What number should I dial to get
  the museum?
  왓 넘버 슈라이 다이얼 투 겟 더 뮤지엄?

* 신디와 통화할 수 있습니까?
  May I speak to Sindy?
  메아이 스픽 투 씬디?

* 잠시 기다리세요.
  Just a moment, please.
  저스터 모먼, 플리즈

* 신디는 여기 없습니다.
  Sindy is not here.
  씬디 이즈 낫 히어

* 그녀는 지금 통화중입니다.
  She's on another line.
  쉬즈 온 어나더 라인

* 전화 거신 분은 누구신가요?
  Who's calling, please?
  후즈 콜링, 플리즈?

* 전해 줄 말이 있나요?
  Would you like to leave a message?
  우쥬 라익 투 리브 어 메시지?

* 메시지를 전해 드릴까요?
  Can I take a message?
  캔아이 테이커 메시지?

* 언제쯤 돌아오죠?
  When is she coming back?
  웬 이즈 쉬 커밍 백?

* 다섯 시쯤 다시 하겠습니다.
  I'll call back around 5 o'clock.
  아일 콜 백 어라운 파이브 어클럭?

* 나중에 다시 하겠습니다.
  I'll call again later.
  아일 콜 어게인 레이러

* 전화 부탁한다고 전해 주십시오.
  Please ask her to call me.
  플리즈 애스크 허 투 콜 미

* 미안합니다. 잘못 걸었군요.
  I'm sorry. I have the wrong number.
  아임 쏘리. 아이 햅 더 롱 넘버

02 국제전화할 때

* 교환입니다. 뭘 도와드릴까요?
  Operator, may I help you?
  아퍼레이러, 메아이 헬퓨?

I'd like to international call.

* 국제전화 좀 하겠습니다.
  I'd like to international call.
  아이드 라익 투 이너내셔널 콜

* 한국으로 국제전화 좀 했으면 합니다.
  I'd like to make an international call to Korea.
  아이드 라익 투 메이컨 이너내셔널 콜투 코리아

* 한국에 10분간 전화하는 데 드는 통화료가 얼마나 되나요?
  How much does it cost for ten minutes to Korea?
  하우 머취 더짓 코스트 포 텐 미닛츠 투 코리아?

* 수신자 부담으로 해 주세요.
  Make it a collect call, please.
  메이키러 콜렉트 콜, 플리즈

* 요금 정산은 여기서 하겠습니다.
I'll pay for it here.
아일 페이 포릿 히어

* 전화번호를 알려주시겠습니까?
What's the number?
왓츠 더 넘버?

* 번호는 2-34-3838입니다.
The number is 2-34-3838.
더 넘버 이즈 투 쓰리포 쓰리에잇쓰리에잇

* 끊지 말고 기다리세요.
Hold on a minute, please.
홀드 온어 미닛, 플리즈

03 우체국을 이용할 때

* 우체국이 어디에 있나요?
  Where is the post office?
  웨어리즈 더 포스트 오피스?

* 이 편지를 한국으로 부쳤으면 합니다.
  I'd like to mail this letter to Korea.
  아이드 라익 투 메일 디스 레러 투 코리아

* 이 엽서를 한국에 보내고 싶습니다.
  I want to send this cards to Korea.
  아이 워나 쎈 디스 카즈 투 코리아

* 빠른 우편으로 부탁합니다.
  Express mail, please.
  익스프레스 메일, 플리즈

* 엽서는 얼마인가요?
  How much is a postcard?
  하우 머춰 이즈 어 포스트카드?

* 우편 요금은 얼마인가요?
  What is the postage?
  왓 이즈 더 포스티지?

쉽게 통하는 여행 영어 – 통신

03 우체국을 이용할 때

* 소포용 상자를 팝니까?
  Do you sell boxes for parcel?
  두 유 쎌 박시즈 포 파쓸?

* 항공편으로 부치면 얼마나 걸립니까?
  How long does it take by airmail?
  하우 롱 더짓 테익 바이 에어메일?

* 이 편지를 등기로 보냈으면 합니다.
  I'd like this letter registered.
  아이드 라익 디스 레러 레지스터드

통신 우체국을 이용할 때

● 전화 관련 용어

- 국제 전화(인터내셔널 콜) international call
- 긴급 전화(이머전씨 콜) emergency call
- 보통 전화(스테이션 콜) station call
- 장거리 통화(롱 디스턴스 콜) long distance call
- 시내 통화(로컬 콜) local call
- 공중 전화(페이 폰) pay phone
- 수화기(리씨버) receiver
- 전화 박스(폰 부쓰) phone booth
- 전화 번호(폰 넘버) phone number
- 지역 번호(에어리어 코드) area code
- 국가 번호(컨트리 코드) country code
- 교환원(아퍼레이러) operator
- 수신자 부담 전화(콜렉트 콜) collect call
- 지명 통화(퍼슨 투 퍼슨 콜) person to person call

● 우편 관련 용어
- 우체국(포스트 오피스) post office
- 우체통(메일박스) mailbox
- 우표(포스트 스탬프) post stamp
- 그림엽서(픽쳐 포스트카드) picture postcard
- 수신인(어드레씨) addressee
- 발신인(쎈더) sender
- 등기 우편(레지스터드 메일) registered mail
- 빠른 우편(익스프레스 메일) express mail
- 항공 우편(에어메일) airmail
- 선편(씨메일) seamail
- 봉투(엔벌로프) envelope
- 편지지(레터 페이퍼) letter paper
- 소포(파쓸) parcel
- 취급 주의(핸들 위드 케어) handle with care

제12장
귀국할 때

✚ 예약 확인

귀국 일정이 잡히면 가장 먼저 해야 하는 것이 항공편 예약이다. 예약을 미리 해둔 사람의 경우에는 적어도 귀국 사흘(72시간) 전에 예약된 항공권을 재확인해야 한다.

해당 항공사에 전화해 자신의 이름과 편명, 행선지를 말하고 확인하면 된다. 예약을 재확인하지 않으면 최악의 경우 좌석이 취소될 수도 있으므로 꼭 하도록 한다.

✚ 수하물 점검

귀국시 기내에 가지고 들어갈 짐과 화물칸으로 갈 짐을 구분해 꾸려놓아야 한다. 특히 파손될 우려가 있는 짐이나 귀중품 따위는 반드시 기내에 갖고 들어가도록 한다.

부득이 파손될 염려가 있지만 부피가 커서 화물칸으로 가야 할 짐은 〈주의! 파손위험〉이라는 스티커를 보딩패스 때 붙여줄 것을 요구하는 것이 좋다.

그 밖에 세관에 신고해야 할 고가의 선물이나 쇼핑물품 등은 따로 정리해 통관에 대비하도록 한다.

➕출국 절차

출국 당일엔 최소한 출발 2시간 전까지 공항에 도착해 체크인할 수 있도록 한다. 해당 항공사의 데스크로 가서 항공권과 여권, 출입국신고서를 제시하고 탑승권을 받는다. 시간이 되면 보안검색과 수하물 X선 검사를 받은 후 출국장으로 들어가 탑승권에 표시된 탑승 게이트로 가서 대기하면 된다. 이때 시간이 있으면 면세점에서 쇼핑을 하거나 각종 편의시설을 이용해도 된다. 귀국할 때에는 인천공항의 면세점을 이용할 수 없으므로 미처 준비하지 못한 선물이 있다면 이 기회를 이용하도록 한다.

✚ 국내 도착

인천공항의 입국은 출국 때와 반대의 순서로 진행된다고 보면 된다. 공항에 도착하면 먼저 검역 부스를 거치게 되는데 특별히 전염병이 의심되는 지역을 여행한 사람이 아니라면 별다른 검사를 받지 않는다.

입국심사장으로 가서는 여권과 출국 때 작성한 출입국신고서를 심사관에게 제출하고 수하물 수취대로 간다. 여기서 자신의 짐을 찾고 세관검사대로 가면 된다.

세관검사대는 면세 통로와 과세 통로로 나뉘어져 있는데 녹색과 빨간색으로 구분돼 있으므로 자신에게 해당되는 통로를 선택해 심사받으면 된다. 신고할 물품이 있으면 휴대품 신고서를 제출하고 그렇지 않으면 그냥 통과하면 된다.

여행 **영어** 귀국

- 예약을 확인할 때
- 예약을 변경하거나 취소할 때
- 돌발 상황시의 대처

쉽게 통하는 **여행 영어** – 귀국

01 예약을 확인할 때

✱ 예약을 확인하고 싶습니다.
I'd like to confirm my reservation.
아이드 라익 투 컨펌 마이 레저베이션

✱ 성함과 편명을 말씀해 주세요.
Your name and flight number, please.
유어 네임 앤 플라잇 넘버, 플리즈

✱ 제 이름은 이민선이고 대한항공 KE 727편입니다.
My name is Min-sun Lee and Korean Air KE 727.
마이 네임 이즈 민선 리 앤 코리언 에어 케이 세븐투세븐

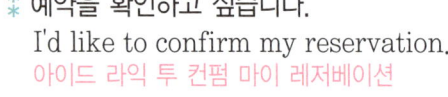

✱ 예약이 확인됐습니다.
Your reservation is confirmed.
유어 레저베이션 이즈 컨펌드

✱ 예약돼 있지 않습니다.
I don't find your name on the flight.
아이 돈 파인드 유어 네임 온 더 플라잇

* 비행기가 예정대로 도착합니까?
Is the plane going to arrive on time?
이즈 더 플레인 고잉 투 어라이본 타임?

* 얼마나 지연됩니까?
How long will it be delayed?
하우 롱 윌 잇 비 딜레이드?

* 언제 탑승할 수 있죠?
When will we be able to board?
웬 윌 위 비 에이블 투 보드?

* 감사합니다.
제 이름을 대기자 명단에 올려주십시오.
Thank you. Put my name on the flight.
쌩큐 풋 마이 네임 온 더 플라잇

쉽게 통하는 **여행 영어** – 귀국

02 예약을 변경하거나 취소할 때

* 미안합니다만, 예약을 취소하고 싶습니다.
  I'm sorry. I'd like to cancel my reservation.
  아임 쏘리. 아이드 라익 투 캔쓸 마이 레저베이션

* 예약을 변경했으면 합니다.
  I'd like to change my reservation.
  아이드 라익 투 췌인지 마이 레저베이션

* 어떻게 변경하시겠습니까?
  How do you want to change your flight?
  하우 두 유 워나 췌인지 유어 플라잇?

* 출발일을 바꿨으면 합니다.
  I'd like to change the date.
  아이드 라익 투 췌인지 더 데잇

* 일요일로 연기하겠습니다.
  Delay it to Sunday.
  딜레이 잇 투 썬데이

* 이번 주 토요일에 떠났으면 합니다.
  I want to leave on this week Saturday.
  아이 워나 리브 온 디스 윅 쌔러데이

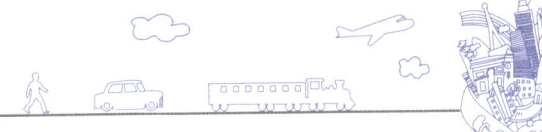

※ 미안합니다만, 자리가 없습니다.
I'm sorry. There isn't any vacancy.
아임 쏘리. 데어리즌 애니 베이컨시

※ 다음 주 월요일은 어떻습니까?
How about next week Monday?
하우 어바웃 넥스트 윅 먼데이?

※ 감사합니다. 제 이름을 대기자 명단에 올려 주십시오.
Thank you. Put my name on the flight.
쌩큐. 풋 마이 네임 온 더 플라잇

> Thank you. Put my name on the flight.

제13장
돌발 상황시의 대처

낯선 곳을 여행하다 보면 예기치 않은 사고를 당하기 마련이다. 국내처럼 익숙한 환경에서라면 침착하게 대응하겠지만 말이 잘 통하지 않는 외국에서는 당황할 수밖에 없다. 이럴 때 흥분은 절대 금물이다. 잘못 처신했다가는 오해를 사서 사건이 더욱 커질 수도 있다. 차분하게 대응하는 요령을 숙지해 만약의 사태에 대비하도록 하자. 긴급한 사태가 발생했을 때 신고할 각국의 전화번호는 다음과 같다.

미 국 : 911	독 일 : 112	호주 : 000
캐나다 : 911	프랑스 : 17	뉴질랜드 : 111
영 국 : 999	스위스 : 117	

✚ 각종 사고가 났을 때

● 교통사고가 났을 때

사고 즉시 경찰에 신고하는 것이 중요하다. 경찰 조사가 미진하거나 불공정하게 진행되고 있다고 판단되면 한국대사관이나 총영사관에 연락을 취한다. 사고 당사자 간의 접촉이나 언행에도 신중할 필요가 있다.

자신의 분명한 과실이 아님에도 예의상 I'm sorry라고 표현해서는 안된다. 자칫 자신의 과실을 인정하는 것으로 오해할 수 있기 때문이다. 흥분하지 말고 침착하게 사고 처리를 지켜보는 것이 현명한 방법이다.

● **도난사고를 당했을 때**
우선 해당 기관에 신고하고 사건 개요를 충실히 설명한다. 설명이 여의치 않으면 역시 한국대사관이나 총영사관에 연락해 도움을 청한다. 현지에 친구나 가까운 친인척이 있다면 그들의 도움을 받는다. 그러나 도난 사고는 대처도 중요하지만 예방이 무엇보다 우선이므로 사고 가능성을 줄이는 쪽으로 행동할 필요가 있다. 될 수 있는 대로 밤늦게 외출하지 말고 잘 모르는 뒷골목 같은 곳은 배회하지 않도록 한다. 많은 현금이나 귀중품을 소지하지 않는 것도 요령이다. 특히 사람들이 많이 붐비는 공항이나 역 주변, 유명 관광지 같은 곳에서는 한눈을 팔지 않도록 주의한다.

● **길을 잃었을 때**

당황해서 우왕좌왕하지 말고 알만한 곳에 연락해 도움을 청한다. 그것도 여의치 않으면 주변의 공공기관이나 호텔, 또는 믿을 만한 상가에 들어가 사정을 호소한다. 그마저도 여의치 않다면 택시를 타고 숙소로 돌아가는 것이 현명한 방법이다.

✚ 병이 났을 때

낯선 곳에서는 기후나 시차에 몸이 적응하지 못해 각종 탈이 나기 마련이다. 물과 음식의 차이도 건강에 적신호를 울리는 원인이 된다. 특히 열대지방처럼 전염병의 요인이 많은 곳에서는 반드시 물을 끓여 먹고 개인 위생에 주의를 기울여야 한다. 충분한 휴식과 수면, 적당한 운동으로 자신의 건강을 지키는 노력도 중요하다.

그래도 병이 났다면 응급 처방을 받아야 하는데 이럴 때를 대비해 병원이나 약국의 도움을 받을 수 있는 여행자 보험에 가입해 두는 것도 방법이다. 배탈이나 설사, 감기 같은 증상에 대처할 비상약을 챙겨가는 것도 필요하다. 평상시 지병이 있는 사람은 자신이 복용하고 있는 약과 처방전을 가지고 여행하는 것이 안전하며 만일의 경우 입원 치료가 필요한 상황이라면 현지 대사관 등에 연락을 취해 도움을 받는 것이 좋다.

✚ 물건을 분실했을 때

● 여권을 분실했을 때
분실 즉시 경찰에 신고하고 한국대사관에 연락해 여행자증명서를 발급받는다. 그러기 위해서는 여권 번호나 사진, 신분증 등이 꼭 필요하므로 여권 사본과 여분의 사진을 준비해 둘 필요가 있다.

● 지갑을 분실했을 때
현지 경찰에 신고하되 지갑 안에 신용카드나 여행자수표 등이 들어 있다면 응급 조치를 취해야 한다. 여행자수표는 발행 은행의 현지 지점으로 가서 재발행을 신청하고 신용카드 역시 카드 발행 회사에 신고한다. 이럴 때를 대비해 사용하지 않은 여행자수표의 번호나 신용카드의 번호 등을 꼭 메모해 둔다.

● 항공권을 분실했을 때
해당 항공사에 연락을 취하고 재발행을 요청한다.
항공권 번호나 유효기간 등의 정보가 필요하므로 미리 복사해 두면 역시 도움이 된다. 시간이 촉박해 재발행 때까지 기다릴 여유가 없는 경우에는 새로 항공권을 구입하고 후에 환불받도록 조치하는 것도 한 방법이다.

여행 영어 돌발상황

- 사고를 당했을 때
- 병이 났을 때
- 분실이나 도난당했을 때

- 긴급상황시의 표현

쉽게 통하는 **여행 영어** – 돌발상황

01 사고를 당했을 때

* 도와주세요.
  Help me, please.
  헬프 미, 플리즈

* 다친 사람이 있습니다.
  There is someone injured here.
  데어리즈 썸원 인저드 히어

* 경찰 좀 불러주세요.
  Get me the police.
  겟 미 더 폴리스

* 위급합니다.
  It's an emergency.
  잇츠 언 이머전시

* 택시에 치었습니다.
  I was hit by a taxi.
  아이 워즈 힛 바이 어 택시

* 발목을 삐었습니다.
  I sprained my ankle.
  아이 스프레인드 마이 앵클

* 팔이 부러졌나 봐요.
 I think my arm is broken.
 아이 씽 마이 암 이즈 브로큰

* 의사를 불러주세요.
 Please call a doctor.
 플리즈 콜 어 닥터

* 구급차를 불러주십시오.
 Please call an ambulance.
 플리즈 콜 언 앰뷸런스

쉽게 통하는 **여행 영어** – 돌발상황
02 병이 났을 때

* **병원이 어디에 있죠?**
  Where's the hospital?
  웨어즈 더 하스피럴?

* **의사를 불러주세요.**
  Call a doctor, please.
  콜 어 닥터, 플리즈

* **머리가 아파요./설사를 해요.**
  I have a headache./I have a diarrhea.
  아이 해버 헤데익/아이 해버 다이어리어

* **구토를 해요.**
  I feel nauseous.
  아이 필 노셔스

* **열이 있고 기침이 나요.**
  I have a fever and a cough.
  아이 해버 피버 앤 어 코프

* **약국을 찾고 있습니다.**
  I'm looking for a pharmacy.
  아임 루킹 포러 파머씨

English!

* 항생제 있나요?
  Do you carry antibiotic?
  두 유 캐리 앤티바이아틱

* 이 처방대로 약을 조제해 주시겠습니까?
  Can I get this prescription filled, please?
  캔아이 겟 디스 프리스크립션 필드, 플리즈?

* 이 약은 어떻게 복용합니까?
  How do I take this medicine?
  하우 두 아이 테익 디스 메디씬?

쉽게 통하는 여행 영어 – 돌발상황

03 분실이나 도난을 당했을 때

* 지갑을 도둑맞았습니다.
  I had my wallet stolen.
  아이 해드 마이 왈릿 스톨른

* 여권을 잃어버렸어요.
  I lost my passport.
  아이 로스트 마이 패스폿

> I left my bag in the taxi.

* 택시에 가방을 놓고 내렸습니다.
  I left my bag in the taxi.
  아이 레프트 마이 백 인 더 택시

* 누군가에게 소매치기를 당했습니다.
  Someone must have picked my pocket.
  썸원 머스트 햅 픽트 마이 파킷

* 분실물 취급소가 어디 있죠?
  Where is the lost and found office?
  웨어리즈 더 로스트 앤 파운드 오피스?

* 여권을 재발급받으러 왔습니다.
  I came to get the passport reissued.
  아이 케임 투 겟 더 패스폿 리이슈드

** 신용카드를 중지시켜 주십시오.
Cancel my credit card, please.
캔슬 마이 크레딧 카드, 플리즈

** 한국대사관 전화번호가 몇 번인가요?
What's the Korean Embassy number?
왓츠 더 코리언 엠버씨 넘버?

** 이 전화번호로 연락 부탁해요.
Please contact this phone number.
플리즈 콘택 디스 폰 넘버

● **긴급상황 시의 표현**

- 불이야! (파이어) Fire!
- 잡아라! (캐취 힘) Catch him!
- 조심해! (왓치 아웃) Watch out!
- 엎드려! (겟 다운) Get down!
- 도와줘요! (헬프) Help!
- 응급상황입니다! (댓츠 언 이머전씨) That's an emergency!
- 경찰을 불러줘요! (플리즈 콜 더 폴리스) Please call the police!
- 911에 연락해 줘요! (콜 나인원원) Call 911!

● 증상 관련 용어
- 감기(콜드) cold
- 천식(애즈머) asthma
- 폐렴(뉴모니어) pneumonia
- 두통(헤데익) headache
- 기침(코프) cough
- 재채기(스니징) sneezing
- 현기증(디지니스) dizziness
- 소화불량(인디제스쳔) indigestion
- 식중독(푸드 포이즈닝) food poisoning

여행 영어 급할 때 찾아보는 한영사전

급할 때 찾아보는 한영사전

ㄱ

가격	프라이스	price
가격표	프라이스 택	price tag
가구	퍼니처	furniture
가로수길	블러버드	boulevard
가방	백	bag
가벼운	라이트	light
가수	씽어	singer
가슴	체스트	chest
가재요리	랍스터	lobster
가족	패밀리	family
가죽	레더	leather
간이 침대차	쿠쉣	couchette
간호사	너스	nurse
갈아타다	트랜스퍼	transfer
감각	쎈스	sense

감기약	콜드 메디씬	cold medicine
감상하다	어프리쉐잇	appreciate
갑판	덱	deck
값비싼	익스펜시브	expensive
값싼	칩	cheap
강	리버	river
강도	라버	robber
개인의	퍼스널	personal
개찰구	게이트 오디토리엄	gate auditorium
객실	캐빈	cabin
거리	스트릿	street
거스름돈	췌인지	change
거울	미러	mirror
거위	구즈	goose
거친	터프	tough
걱정	케어	care
건널목	크로씽	crossing
건전지	배러리	battery
건축	아키텍쳐	architecture
검사	인스펙션	inspection
검역	쿼런틴	quarantine
견본	쌤플	sample
견인차	토우 트럭	tow truck
경기장	스테이디엄	stadium

경마	호스 레이스	horse race
경찰	폴리스	police
경찰관	폴리스먼	policeman
경치	뷰	view
계단	스테어	stair
계산	빌	bill
계약서	컨트랙트	contract
계획	플랜	plan
고객	클라이언트	client
고속도로	익스프레스 웨이	express way
고혈압	하이 블러드	high blood
공사중	언더 컨스트럭션	under construction
공연	퍼포먼스	performance
공원	팍	park
공중전화	페이 폰	pay phone
공항	에어폿	airport
공항세	에어폿 택스	airport tax
과세	택스	tax
과식	오버잇	overeat
과음	오버드링크	overdrink
관광	싸잇씨잉	sightseeing
관광지	투어리스트 리조트	tourist resort
관광 코스	투어 코스	tour course
관광 호텔	투어리스트 호텔	tourist hotel

광장	스퀘어	square
교외	써버브즈	suburbs
교차로	인터섹션	intersection
교통	트래픽	traffic
교통체증	트래픽 잼	traffic jam
교환	익스텐션	extension
교환원	아퍼레이러	operator
구급차	앰뷸런스	ambulance
구두	슈즈	shoes
구름	클라우드	cloud
구명복	라입 재킷	life jacket
구조	레스큐	rescue
구토	바밋	vomit
국가 번호	컨트리 코드	country code
국내선	도메스틱 써비스	domestic service
국적	내셔낼리티	nationality
국제선	인터내셔널 에어라인	international airline
국제전화	인터내셔널 콜	international call
군인	쏠저	soldier
굴	오이스터	oyster
굽다	토우스트	toast
궁전	팰리스	palace
귀금속	프레셔스 메틀즈	precious metals
귀중품	밸류어블즈	valuables

규칙	룰	rule
균일가	플랫 레이트	flat rate
그림엽서	픽쳐 포스트카드	picture postcard
극장	씨어터	theater
근처	니어바이	nearby
금연석	넌스모킹 씨잇	nonsmoking seat
급행 열차	익스프레스 트레인	express train
기념일	애니버서리	anniversary
기념품	수버니어	souvenir
기념품 가게	깁트 샵	gift shop
기다리다	웨잇	wait
기린	지래프	giraffe
기쁜	플리즈드	pleased
기성품	레디 메이드	ready made
기입하다	필 아웃	fill out
기장	캡틴	captain
기침	코프	cough
기후	클라이밋	climate
길	로드	road
길이	렝쓰	length
깨우다	웨이컵	wake up
꽉 끼는	타이트	tight
나르다	캐리	carry

ㄴ

나쁜	배드	bad
나이 든	올드	old
나중에	레이러	later
낚시	피싱	fishing
난방	히팅	heating
날짜	데이트	date
남성	메일	male
남편	허즈번드	husband
낮 공연	매터네이	matinee
낮은	로우	low
내용물	컨텐츠	contents
내의	언더웨어	underwear
냉방	에어 컨디셔닝	air conditioning
냉장고	레프리저레이러	refrigerator
넓은	와이드	wide
네거리	크로스로우즈	crossroads
노선	루트	route
노선도	루트 맵	route map
녹차	그린 티	green tea
놀란	써프라이즈드	surprised
농구	배스킷볼	basketball
농담	조크	joke

높은	하이	high
느린	슬로우	slow
느슨한	루즈	loose
늦추다	딜레이	delay

ㄷ

다리	렉	leg
다리미	아이언	iron
다양한	배리어스	various
다음	넥스트	next
단순한	씸플	simple
달리다	런	run
달콤한	스윗	sweet
담배	씨가렛	cigarette
담요	블랭킷	blanket
당일권	데이 티킷	day ticket
당일 여행	데이 익스커전	day excursion
대기자 명단	웨이링 리스트	waiting list
대로	애비뉴	avenue
대사관	엠씨	Embassy
대성당	커씨드럴	cathedral
대여용	렌틀	rental
대합실	웨이링 룸	waiting room

대합조개	클램	clam
더 좋은	베러	better
더러운	더티	dirty
도둑	씨프	thief
도둑맞다	비 스톨른	be stolen
도로 지도	로드 맵	road map
도로 표지	스트릿 싸인	street sign
도박	갬블링	gambling
도보 여행	워킹 투어	walking tour
도서관	라이브러리	library
도시	시티	city
도움	헬프	help
도자기	세라믹스	ceramics
도착	어라이벌	arrival
독감	플루	flu
독서등	리딩 라잇	reading light
동굴	케이브	cave
동물원	주우	zoo
동전	코인	coin
동전 지갑	코인 퍼스	coin purse
두꺼운	씩	thick
두다	풋	put
두려워하다	어프레이드	afraid
듣다	히어	hear

등록	레지스트레이션	registration
등산	클라이밍 마운틴	climbing mountain
따뜻한	웜	warm
딱딱한	하드	hard
딸	도러	daughter
뜨거운	핫	hot

레몬수	레모네이드	lemonade
로비	라비	lobby
롤빵	로울	roll
룸 서비스	룸 써비스	room service
마늘	갈릭	garlic
마시다	드링크	drink
만나다	밋	meet
만들다	메이크	make
말리다	드라이	dry
맑은 수프	콘쏘메이	consomme
맛	테이스트	taste
맛있는	딜리셔스	delicious
망가진	브로큰	broken

매다	패쓴	fasten
매운	핫	hot
매일의	데일리	daily
매진	쏠다웃	sold out
매표소	티킷 오피스	ticket office
맥박	펄스	pulse
머리	헤드	head
머물다	스테이	stay
먼저	퍼스트	first
멀리	파	far
멀미	씩니스	sickness
멋진	원더풀	wonderful
면도	셰이브	shave
면도기	레이저	razor
면세점	듀리프리 샵	duty-free shop
면세품	택스프리 아티클	tax-free article
면허	라이슨스	license
명소	페이머스 스팟츠	famous spots
모닝콜	웨이컵 콜	wake up call
모양	셰이프	shape
모자	햇	hat
모조품	이미테이션	imitation
모퉁이	코너	corner

목걸이	넥클리스	necklace
목욕	배스	bath
목적	퍼퍼스	purpose
목적지	데스티네이션	destination
몸	바디	body
무거운	헤비	heavy
무게	웨이트	weight
무대	스테이지	stage
무료	프리	free
무설탕	슈거프리	sugar-free
무엇	왓	what
문제	프라블럼	problem
묻다	애스크	ask
물건	아티클	article
물수건	웨트 타월	wet towel
미술관	갤러리	gallery
미식축구	풋볼	football
미용사	헤어드레서	hairdresser
미용실	뷰티 샵	beauty shop
미혼	씽글	single
민박	홈 스테이	home stay
민예품점	포크 크랩트 샵	folk craft shop

ㅂ

바꾸다	췌인지	change
바다	씨	sea
바람	윈드	wind
바쁜	비지	busy
바지	팬츠	pants
박람회	엑써비션	exhibition
박물관	뮤지엄	museum
박수	어플로즈	applause
반대쪽	아퍼짓	opposite
반창고	애드히씨브	adhesive
반품하다	리턴	return
받다	리씨브	receive
발	푸트	foot
발 치수	피트	feet
발급하다	이슈	issue
발신인	쎈더	sender
발표	퍼블러케이션	publication
밥	보일드 라이스	boiled rice
방 번호	룸 넘버	room number
방문	비지팅	visiting
방송	브로드캐스트	broadcast

한국어	발음	English
배	쉽	ship
배경	백그라운드	background
배구	발리볼	volleyball
배달	딜리버리	delivery
배멀미	씨이씩	seasick
배우	액터	actor
백화점	디팟먼 스토어	department store
버스노선	버스 라인	bus line
버스정류장	버스 스탑	bus stop
단추	버튼	button
베개	필로우	pillow
벽시계	클락	clock
변비	칸스터페이션	constipation
변호사	로이어	lawyer
별도 요금	엑스트러 촤지	extra charge
병따개	바를 오프너	bottle opener
병원	하스피럴	hospital
보내다	쎈드	send
보다	씨	see
보상하다	캄펀쎄이트	compensate
보석	주얼리	jewelry
보여주다	쇼우	show
보증서	개런티	guarantee
보통열차	로컬 트레인	local train

보험	인슈어런스	insurance
복사	카피	copy
복용량	도우즈	dose
봉투	인벨롭	envelope
부두	피어	pier
부드러운	소프트	soft
부르다	콜	call
부모	페어런츠	parents
부상당한	인저드	injured
부재	앱슨스	absence
부주의한	케어리스	careless
부치다	포우스트	post
분수	파운튼	fountain
분실신고서	쎄픗 리폿	theft report
불	파이어	fire
불량품	디펙티브	defective
불완전한	임퍼펙트	imperfect
불편한	인컨비니언트	inconvenient
불평하다	컴플레인	complain
붕대	밴디쥐	bandage
비누	쏘웁	soap
비닐봉지	바이늘 백	vinyl bag
비단	씰크	silk
비상구	엑씻	exit

비상사태	이머전씨	emergency
비행기	에어플레인	airplane
빈	엠티	empty
빌리다	렌트	rent
빠른	패스트	fast
삐다	스프레인	sprain

ㅅ

사고	액씨던트	accident
사과하다	어팔러자이즈	apologize
사다	바이	buy
사람	퍼슨	person
사용료	피	fee
사용중	아큐파이드	occupied
사원	템플	temple
사적인	프라이빗	private
사진	픽쳐	picture
산	마운튼	mountain
산소 마스크	악씨즌 매스크	oxygen mask
상의	재킷	jacket
상점	스토어	store
상추	레티스	lettuce
생년월일	데이터 버쓰	date of birth

생일	버쓰데이	birthday
서다	스탑	stop
서두르다	허리	hurry
서류	다큐먼트	document
서명하다	싸인	sign
서점	북스토어	bookstore
선물	깁트	gift
선박 우편	씨 메일	sea mail
선반	클라짓	closet
선술집	퍼브	pub
선실	캐빈	cabin
선택	쵸이스	choice
설명서	인스트럭션	instruction
섬	아일런드	island
성(城)	캐쓸	castle
성격	캐릭터	character
성명	풀 네임	full name
세관	커스텀즈	customs
세금	택스	tax
세탁물	론드리	laundry
세탁하다	와쉬	wash
소개하다	인트러듀스	introduce
소독약	디스인펙턴트	disinfectant
소방관	파이어맨	fireman

한글	발음	영어
소설가	나블리스트	novelist
소포	파쓸	parcel
소화기	파이어 익스팅기셔	fire extinguisher
소화불량	인디제스천	indigestion
속달	익스프레스	express
속도 위반	스피딩	speeding
손님	게스트	guest
손목시계	와치	watch
손상	대미지	damage
손수건	행커칩	handkerchief
손해	함	harm
솔	브러쉬	brush
송장	인보이스	invoice
수건	타월	towel
수고비	팁	tip
수도	캐피틀	capital
수도꼭지	포씻	faucet
수리하다	리페어	repair
수수료	커미션	commission
수술	아퍼레이션	operation
수신인	어드레씨	addressee
수영하다	스윔	swim
수제품	핸드메이드	handmade
수족관	어퀘어리엄	aquarium

수표	첵크	check
수하물	배기쥐	baggage
숙박 요금	룸 레이트	room rate
순서	오더	order
숟가락	스푼	spoon
술	리커	liquor
숲	우드	wood
쉬운	이지	easy
승객	패신저	passenger
승무원	크루	crew
승차권	티킷	ticket
시간표	타임테이블	timetable
시내	다운타운	downtown
시내버스	로컬 버스	local bus
시내전화	로컬 콜	local call
시내지도	시리 맵	city map
시외	써버브즈	suburbs
시장	마킷	market
시차	타임 디퍼런스	time difference
시차(時差)증	젯 래그	jet lag
시청	시리 홀	city hall
식당차	다이닝 카	dining car
식료품	푸드	food
식료품점	그로써리	grocery

식물원	버태니컬 가든	botanical garden
식사	밀	meal
식중독	푸드 포이즈닝	food poisoning
식초	비니거	vinegar
신고하다	디클레어	declare
신문	뉴스페이퍼	newspaper
신분증	아이디 카드	ID card
신용카드	크레딧 카드	credit card
신청	어플리케이션	application
신호	씨그널	signal
신호등	트래픽 라이트	traffic light
심장	하트	heart
쓰다	라이트	write
쓰러지다	폴 다운	fall down

ㅇ

아내	와이프	wife
아침식사	브렉퍼스트	breakfast
아프다	씩	sick
안경	글래씨즈	glasses
안내 책자	가이드 북	guide book
안내	인포메이션	information
안내 방송	어나운스먼트	announcement

안내소	인포메이션 쎈터	information center
안내원	가이드	guide
안전벨트	씨잇 벨트	seat belt
안전한	세이프	safe
알약	필	pill
야구	베이스볼	baseball
야채	베지터블	vegetable
약	메디씬	medicine
약국	드럭스토어	drugstore
양말	싹스	socks
양배추	캐비지	cabbage
양복	수트	suit
양식	폼	form
어디	웨어	where
어떻게	하우	how
어른	어덜트	adult
어린이	촤일드	child
얼음	아이스	ice
엎드리다	겟 다운	get down
여객선	패신저 쉽	passenger ship
여권	패스폿	passport
여권 심사	패스폿 컨트롤	passport control
여배우	액트리스	actress
여성	피메일	female

여성용품점	부티크	boutique
여행사	트래블 에이전씨	travel agency
여행 일정	아이티너래리	itinerary
여행자수표	트래블러즈 첵	traveler's check
역	스테이션	station
연결통로	램프	ramp
연결하다	커넥트	connect
연락처	컨택 어드레스	contact address
연료	퓨얼	fuel
연수	스터디	study
연장하다	익스텐드	extend
연주회	콘써트	concert
연중행사	애뉴얼 이벤트	annual event
열다	오픈	open
열쇠	키	key
열차	트레인	train
엽서	포슷카드	postcard
영사관	컨썰릿	consulate
영수증	리씻	receipt
영업시간	비즈니스 아워	business hour
영화	무비	movie
예고	프리뷰	preview
예매표	애드밴스 티킷	advance ticket

예약	레저베이션	reservation
온도	템퍼러처	temperature
옷	클로즈	clothes
옷걸이	행어	hanger
왕복 여행	라운 트립	round trip
왕복표	라운 트립 티킷	round trip ticket
외교관	디플로맷	diplomat
외국인	포리너	foreigner
요금	차지	charge
요금표	태리프	tariff
욕실	배쓰룸	bathroom
우산	엄브렐러	umbrella
우체국	포스트 오피스	post office
우체통	메일 박스	mail box
우편번호	집 코드	zip code
우편요금	포스티지	postage
우표	스탬프	stamp
운동장	플레이그라운드	playground
운송	트랜스포테이션	transportation
운전수	드라이버	driver
웅장한	그랜드	grand
원하다	원트	want
위생봉투	에어씨크니스 백	airsickness bag

위층	업스테어즈	upstairs
위험	데인저	danger
유람선	싸잇씨잉 보트	sightseeing boat
유료 도로	톨 로드	toll road
유명한	페이머스	famous
유원지	어뮤즈먼 팍	amusement park
유적지	히스토릭 플레이스	historic place
유효기간	밸리드	valid
육류	미트	meat
은행	뱅크	bank
음료	드링크	drink
음악	뮤직	music
응급	이머전씨	emergency
의료보험	메디컬 인슈어런스	medical insurance
의무실	인퍼머리	infirmary
의사	닥터	doctor
이등석	세컨 클래스	second class
이륙	테익 어프	take off
이름표	네임 택	name tag
이발소	바버 샵	barber shop
이부자리	쉬이트	sheet
이불	퀼트	quilt
이쑤시개	투쓰 픽	tooth pick
이층	세컨 플로어	second floor

이층버스	더블 데커	double-decker
인기 있는	파퓰러	popular
인출하다	위드로	withdraw
일기예보	웨더 리포트	weather report
일등석	퍼스트 클래스	first class
일반적인	제너럴	general
일방통행	원 웨이	one way
일인당	퍼 퍼슨	per person
일회용 밴드	밴디지	bandage
임대료	렌틀 촤지	rental charge
임시 보관증	클레임 첵	claim check
입	마우쓰	mouth
입구	엔트런스	entrance
입국관리	이미그레이션	immigration
입국사증	엔트리 비저	entry visa
입국심사	패스폿 컨트롤	passport control
입국카드	엔트리 카드	entry card
입장	어드미션	admission
입장권	티킷	ticket
입장료	어드미션 피	admission fee

자동차	카	car
자동판매기	티킷 머신	ticket machine
자유석(自由席)	언리저브드 씨잇	unreserved seat
자전거	바이씨클	bicycle
작은	스몰	small
작은 새우	쉬림프	shrimp
잡지	매거진	magazine
장갑	글러브즈	gloves
장거리 전화	롱 디스턴스 콜	long distance call
장난감	토이	toy
장소	플레이스	place
재떨이	애쉬트레이	ashtray
재발급하다	리이슈	reissue
재채기	스니즈	sneeze
재확인	리컨펌	reconfirm
저녁식사	디너	dinner
전기용품점	일렉트릭 스토어	electric store
전람회	엑써비션	exhibition
전보	텔리그램	telegram
전자	일렉트로닉스	electronics
전화카드	폰 카드	phone card
절약하다	쎄이브	save

젊은	영	young
점심식사	런치	lunch
점원	클럭	clerk
접근 금지	킵 아웃	keep out
접수	리셉션	reception
접수처	프론트 데스크	front desk
접시	플레이트	plate
젓가락	찹스틱스	chopsticks
정비소	거라지	garage
정장하다	드레스 업	dress up
정정하다	커렉트	correct
제안하다	써제스트	suggest
제품	프로덕트	product
제한하다	리밋	limit
조개	셸피시	shellfish
조끼	베스트	vest
조사하다	인베스티게이트	investigate
조용한	콰이엇	quiet
좁은	내로우	narrow
종이가방	페이퍼 백	paper bag
좌석 번호	씨잇 넘버	seat number
주말	위켄드	weekend
주문하다	오더	order
주사	인젝션	injection

주소	어드레스	address
주유소	개스 스테이션	gas station
주의	노티스	notice
주차 금지	노 파킹	no parking
주차장	파킹 랏	parking lot
줄	라인	line
중간 휴식	인터미션	intermission
중량 제한	웨잇 리밋	weight limit
지갑	왈릿	wallet
지금	나우	now
지도	맵	map
지름길	숏컷	shortcut
지불	페이먼트	payment
지역 번호	에어리어 코드	area code
지정석	리저브드 씨잇	reserved seat
지폐	빌	bill
지하	베이스먼트	basement
지하철	써브웨이	subway
직업	아큐페이션	occupation
직통	디렉틀리	directly
직항	넌스탑 플라잇	nonstop flight
직행버스	넌스탑 버스	nonstop bus
진단서	다이어그노시스	diagnosis

진통제	페인킬러	painkiller
질병	씨크니스	sickness
짐	배기지	baggage
짐꾼	포터	porter

차림표	메뉴	menu
착륙	랜딩	landing
참치	튜너	tuna
찾다	파인드	find
처방전	프리스크립션	prescription
천식	애즈머	asthma
체온	템퍼러쳐	temperature
초과하다	엑씨드	exceed
추월 금지	노 패씽	no passing
추천하다	리커멘드	recommend
축구	싸커	soccer
축제	페스티벌	festival
출구	엑씻	exit
출국카드	엠바케이션 카드	embarkation card
출납계	캐쉬어	cashier
출발	디파츄어	departure

출발하다	스타트	start
취급 주의	핸들 위드 케어	handle with care
취소하다	캔쓸	cancel
층	플로어	floor
치약	투쓰페이스트	toothpaste
친절	카인니스	kindness
친척	렐러티브	relative
침대차	슬리핑 카	sleeping car
침실	베드룸	bedroom
칫솔	투쓰브러쉬	toothbrush

칼	나이프	knife
콧물	스니벌	snivel
큰	라지	large

타박상	브루즈	bruise
탈의실	드레싱 룸	dressing room
탑승	보딩	boarding
탑승구	게이트	gate
탑승권	보딩 패스	boarding pass
택시 승차장	택시 스탠드	taxi stand
토속 음식	로컬 푸드	local food

통과	트랜씻	transit
통과하다	패스	pass
통로	아일	aisle
통역가	인터프리터	interpreter
통행금지	노 트레스패씽	no trespassing
통화	커런씨	currency
튀긴	프라이드	fried
특급열차	리미티드 익스프레스	limited express
특별석	로우지	loge
특산품	스페셜리티	speciality
팔	아암	arm
편도	원 웨이	one way
편리한	컨비니언트	convenient
편명	플라잇 넘버	flight number
편지	레터	letter
편한	컴퍼터블	comfortable
폐관 시간	클로징 타임	closing time
포장	랩핑	wrapping
포함하다	인클루드	include
표시	랜드마크	landmark
품질	콸러티	quality

풍경	뷰	view
피로	퍼티그	fatigue
피해자	빅팀	victim

ㅎ

학생 할인	스튜던 리덕션	student reduction
한국대사관	코리언 엠버시	Korean Embassy
할인	디스카운트	discount
합계	토틀	total
항공사	에어라인	airline
항공운임	에어 페어	air fare
항구	하버	habor
항의하다	프로테스트	protest
항해	보이지	voyage
해결	썰루션	solution
해산물	씨푸드	seafood
해협	채널	channel
향수	퍼퓸	perfume
현관	프론 도어	front door
현금	캐쉬	cash
현지시간	로컬 타임	local time
혈액형	블러드 타입	blood type

형식적인	포멀	formal
호두	월넛	walnut
호수	레이크	lake
화물요금	배기지 페어	baggage fare
화장	메이컵	make up
화장실	래버터리	lavatory
화장지	토일릿 페이퍼	toilet paper
화장품	카즈메틱스	cosmetics
확인하다	컨펌	confirm
환불하다	리펀드	refund
환승	트랜스퍼	transfer
환승하다	트랜싯	transit
환율	익스체인지 레이트	exchange rate
환전하다	익스체인지	exchange
환풍기	일렉트릭 팬	electric fan
횡단보도	인터섹션	intersection
후식	디저트	dessert
후추	페퍼	pepper
휴가	베케이션	vacation
휴게실	라운지	lounge
휴식	레스트	rest
휴일	할러데이	holiday
흡연석	스모킹 씨잇	smoking seat

A B C D E F G H I J K L M N O

Q R S T U V W X Y Z

A B C D E F G H I J K L M N O

QRSTUVWXYZ